불안을 이기는 기술

불안을 이기는 기술

불안 극복을 위한 읽기 쉬운 150가지 팁

게드 젠킨스-오마르 · 홍지연 옮김

150 EASY TO READ TIPS TO COPE WITH
AND OVERCOME ANXIETY, WORRY & PANIC

불안을 이기는 기술

저자 게드 젠킨스-오마르

역자 홍지연

초판 1쇄 인쇄 2024년 02월 13일
초판 1쇄 발행 2024년 02월 26일

등록번호 제2010-000048호
등록일자 2010-08-23

발행처 삶과지식
발행인 김미화
편집 주인선
디자인 다인디자인

주소 경기도 파주시 해올로 11, 우미린 더 퍼스트 상가 2동 109호
전화 02-2667-7447
이메일 dove0723@naver.com

ISBN 979-11-85324-75-3 03180

읽기 전 주의 사항

이 책의 일부 내용은 당신에게 반향을 일으켜 순간적으로 불안 증세를 촉발할 수 있습니다. 괴롭고 감정적인 느낌이 들기 시작하거나 불안에 의한 신체 증상, 생각, 감정 또는 어떤 행동에 휩싸인다면, 자신에게 관대한 마음을 품고 잠시 휴식을 취하십시오. 이 책은 위로와 안정을 주려는 것이지 레이스를 펼치려는 것이 아닙니다. 이 책은 당신의 동반자입니다. 그러니 꼭 읽어보시되, 당신의 페이스에 맞추어 당신이 안전하다고 느끼는 장소와 때에 맞춰 읽어 보시기 바랍니다.

목차

추천사

라이언 리지웨이 Ryan Ridgway

나는 12세부터 불안장애를 겪으며 안정과 버팀목을 찾으려는 극한의 여정을 지나왔습니다. 그러나 불안은 특별한 치료법도 없고, 그것은 대게 현실적으로 이루어질 수 없다는 것을 어렵사리 배웠습니다.

그러나 나는 오랜 연구와 실제 경험을 거쳐 지금은 불안과 잘 지내고 있으며 필요할 때마다 꺼내 쓸 수 있는 유용한 아이디어들을 가지고 있습니다. 그것들은 실질적이면서도 흥미로운 이 책에 담겨 있습니다.

『불안을 이기는 기술Help with Anxiety』은 환우이자 제 동료가 쓴 책입니다. 나는 이 책을 통해 당신이 고질적으로 겪어 온 불안 증상에서 벗어나 편안해질 거라고 확신합니다.

당신은 스스로 생각하는 것보다 강하며, 이 책을 읽어 나가면서 극복의 길을 찾아내리라 전적으로 확신합니다.

라이언 리지웨이Ryan Ridgway

前 NHS(National Health Service)111 차장

영국 정신 건강 응급처치 트레이너

사랑과 감사를 담아 나의 아내와 자녀들에게
- 나의 절대적인 세계와 우주.

말콤Malcolm과 샤론Sharon에게 바칩니다.

서문

안녕하세요!

이 책을 선택해 주신 데 대해 감사드리며 불안을 헤쳐 나가는 당신의 여정에 도움이 되길 진심으로 소망합니다. 나는 이 책이 당신에게 조금이라도 유용한 정보를 제공하고 삶을 더 좋은 방향으로 바꾸어 가는 데 도움이 되길 바랍니다. 이 책에 제시한 150가지 팁 중 한 가지라도 잘 적용해서 효과를 보고 정신 건강을 개선해 가는 것도 놀라운 일이겠지만, 그보다는 더 많이 적용하여 실행해 보기를 바랍니다.

이 책에서는 당신의 생각과 행동 그리고 행동 방식을 바꾸는 데, 즉각적인 안정과 장기적인 도움을 주려는 대처 전략과 팁들을 다양한 기법으로 제시하고 있습니다. 불안은 매우 심각한 것인데, 때로는 공황발작이 일어날 때를 대비하여 탈출카드가 있어야 하고, 때로는 긍정적인 생활 방식으로의 변화가 필요하기도 합니다. 항불안제 치료가 부담되고 약물이 주는 느낌이 싫다면 또는 정기적으로 복용하는 것 말고 추가적인 대처 방안을 원한다면 이 책은 곧 당신을 위한 것입니다.

불안을 정신 건강 질환의 하나로만 볼 수 없고, 불안의 대처 방법 또한 하나만은 아니라는 점을 이해하는 것이 중요합니다. 이 책의 조언과 전략 중에는 당신과 당신의 삶에 효과가 있는 것도, 아닌 것도 있을 것입니다. 이 책은 당신에게 해당하는 사항을 가르쳐 주고 자신에게 맞는 전략을 찾게끔 하는 게 목적입니다. 이 책에 제시한 팁들은 나의 경험, 친구 및 가족과의 대화, 정신 건강 전문가와의 논의 그리고 철저한 연구를 통한 결과물입니다.

내가 이 책을 쓰고자 한 것은 불안과 함께한 나 자신의 여정과 투쟁이 있었기 때문입니다. 나는 10대 후반부터 불안으로 수년을 고통 속에 살아왔습니다. 나는 자부심이 강하고 외향적임에도 불구하고 생각과 감정은 불안하고 불안에서 오는 증상을 겪었습니다. 내가 가진 그 두 성향은 서로를 막지 못했습니다.

나의 불안은 몇 가지 요인에서 비롯되었는데, 사랑하는 사람이 내 앞에서 '도와주세요!'라는 마지막 말을 남긴 채 죽는 것을 지켜본 것입니다. 그는 나의 할아버지였고, 나의 영웅이었습니다. 또 오토바이를 타고 가다 레인지로버에 치이고 죽음의 문턱까지 갔던 일들이 외상후스트레스장애Post Traumatic Stress Disorder(PTSD)와 건강 불안증을 발생시켰습니다. 이런 요인들도 한몫했지만, 더 중요한 것은 신경학적으로 운동실조증ataxia[각각의 근육은 정상이지만 근육 간의 부조화로 말미암아 섬세한 움직임이나 중심을 잡는 기능에 이상이 발생하는 병증을 말한다.]을 진단받은 것입니다. 나의 경우는 신경 체계에 영향을 주는 소뇌 손상이 원인이었습니다. 22세에 시작되어 수많은 신경 검사로도 진단되지 않다가 30세가 되어서야 판정을 받았습니다. 그 8년 동안 나는 피로나 떨림을 느낀다거나 이따금 현실 통제력을 잃으면서 내가 미쳐간다고 생각하며 살았습니다. 이에 따라 심각한 불안이 생기고 한바탕 우울증을 겪었습니다.

나 자신이나 다른 누군가와 불안에 관해 터놓고 얘기하거나 해결하지도 못한 채 걱정거리들은 나를 잠식해 갔습니다. 더는 견딜 수 없을 정도로 나빠진다고 느꼈습니다. 나는 나락을 응시했고, 절대적인 삶의 의욕을 가진 자라면 누구나 자신을 나락으로 이끄는 게 무엇인지를 알게 됩니다. 나는 불안에 대처하기 위해 술을 마시며 건강에 해로운 약물에 의존해 왔습니다. 그러나 이제는 감사하게도 그런 어두운 날들은 다 지나갔습니다. 불안은 나의 일부이긴 하지만 그것을 인정하고 다루며, 삶을 자유롭고 행복하게 살고 있습니다. 나에게 운동실조증ataxia은 평생 그대로 있을 것이고 피로감, 현기증, 떨림 같은 증상은 여전하겠지만, 다행히 내가 진단받은 운동실조증은 건강한 삶을 사는 한 진행되지 않는 타입이며 감사한 것은 그리 심각하지 않다는 것입니다.

나는 현재 아내와 함께 두 자녀를 두고 멋진 삶을 살고 있습니다. 동물보호소에서 하는 나의 일을 사랑하며 정신 건강 자선 단체의 대사이기도 합니다. 돌아보면 해외 근무를 하고 세계 기네스 기록에 오르며 영화와 TV에 출연했던 여름날의 놀라운 기억들도 있지만, 그러다가도 불안이 얼마나 심각했고 진정 삶이 얼마나 롤러코스터 같았는가도 생각해 봅니다. 인생이란 어떤 날은 굉장하지만 어떤 날은 진이 빠지기도 합니다.

교육학 석사 학위를 받기는 했지만, 나의 경험은 학문이 아닌 실제 삶이며 불안, 공황장애, 두려움, 걱정, 피로감, 과호흡증, 현기증, 발한, 초조, 기타 모든 상상이 가능한 증상을 겪은 누군가가 되어 본 긴 여정에 따른 것입니다.

불안증이 우리가 누구인지 정의해 주는 것은 아니지만, 인생 여정을 어렵게 만들 수 있습니다. 이 책은 당신이 통제력을 되찾고 다시금 두려움 없이 한껏 누리는 삶을 시작하도록 도와줄 것입니다.

책 뒷부분에는 즉시 도움이 필요한 때에 이용할 수 있는 단체의 목록이 있습니다. 다만 바라는 것은 그 뒷부분에 이르기 전, 당신이 불안과 함께하는 여정에서 성공하길 기원합니다. 나는 당신이 지금보다 생각, 감정, 증상을 더 잘 감당해 내고 제어하는 법을 배우리라고 전적으로 확신합니다. 필경, 당신은 자신이 아는 것보다 강하다는 것을 기억하십시오.

긍정적인 정신 건강은 자산입니다.

행복을 기원하며
게드GED

불안이란 무엇인가?

불안은 악몽 그 자체입니다. 극심한 공포를 주고 벼랑 끝에 선 느낌이나 현실 통제력을 잃은 것처럼 만듭니다. 이상하게 아프다거나 고통스럽고, 숨을 쉬지 못하는 느낌에 아찔하고 두렵다고 느낍니다. 무슨 일인가 일어날 것 같은데 결과를 통제하지 못할 것이라는 두려움, 걱정, 신경과민입니다. 이러한 두려움과 걱정은 보통당신이 겪은 일이나 살면서 보고, 듣고, 연루되었던 일에서 비롯됩니다.

불안은 정신 건강 질환으로 경증, 보통, 중증일 수 있고 단독 질환이거나 다른 신체나 정신 질환을 동반할 수도 있습니다. 심신이 약해지고 고립되며 모든 희망이 사라진 느낌을 줍니다. 억울하고 분하다는 느낌과 왜 나만 그런가 하고 생각하게도 만듭니다. 불안의증가와 스트레스 수치의 상관관계에 관한 연구 결과들이 있는데이것은 유념해서 볼만합니다.

잠시 깊게 숨을 쉬고, 내쉬며 과거로 돌아가 봅시다. 불안이란 끔찍하긴 하나 인류가 시작된 이래 사람이 살아있게끔 기능한 결과입니다. 투쟁-도피 반응fight or flight response이라고 들어보셨는지요. 이것은 위험이나 생명의 위협, 눈앞에 닥친 공격을 감지할 때 사람이 느끼는 생리학적 반응입니다. 석기시대에 검치호랑이에게서 도망칠 때나, 현재 집이나 차에 불이 난다면 생존을 위해 맞서든지아니면 피하며 긴급 조치를 취하게 하는 훌륭한 기능입니다. 그러나 현대인의 압박, 스트레스, 과학 기술이 발생시킨 불안은 투쟁-도피 반응을 과부하 상태로 만들어 놓았습니다. 이에 따라 불안,걱정이 일어날 때 당황하고 끔찍한 증세가 나타나며 정신 건강은위태로워집니다.

투쟁-도피 반응fight or flight response을 인체 내장형 화재경보기라고 생각하면 좋습니다. 불이 나면 경보기가 울려야 하지만 매일 아침 토스트를 구울 때마다 그러면 곤란합니다. 그것은 실제 응급상황에서 필요한 것이지 아무 때나 귀에 울리는 것을 원하지는 않습니다. 지금은 멸종된 유명한 도도새를 떠올려 보면 내재된 장치가 중요한 이유를 알 수 있습니다. 이야기가 조금씩 다르긴 하지만, 항해사들이 모리셔스의 아름다운 섬에 도착해 칠면조보다는 다소 크고 날지 못하는 도도새를 우연히 발견했습니다. 그 섬의 도도새는 천적이 없어 위협을 느끼지 못하므로 사람이나 개들을 무서워하지 않았습니다. 그런 도도새는 투쟁-도피 반응 체계가 존재하지 않아 결국에는 매우 쉽게 잡아먹혀 멸종되고 맙니다. 이것을 보면 우리에게는 내재된 경보 시스템이 있어 결국 도도새 같은 신세가 되지 않았다는 것을 잘 알 수 있습니다. 그렇다고 해서 늘 공포, 공황, 두려움, 긴장으로 가득 차 있기를 원하지는 않습니다. 우리에게는 삶의 평안과 균형이 필요합니다.

내재된 경보 시스템이 과부하 상태여서 불안에 휩싸인 느낌입니까? 그렇다면 이 책은 삶을 안정되게 할 조언과 방법을 제시해 줄 것입니다. 즐겁게 읽으면서 도도새와 끊임없이 울어대는 화재경보기 사이에서 균형점을 찾는 법을 배워 봅시다.

불안장애 종류

- 범불안장애General Anxiety Disorder(GAD)
- 사회공포증Social Anxiety
- 공황장애Panic Disorder
- 외상후스트레스장애Post Traumatic Stress Disorder(PTSD)
- 건강염려증Health Anxiety
- 강박장애Obsessive-compulsive Disorder(OCD)
- 광장공포증을 포함한 공포증Phobias including Agoraphobia
- 신체변형장애Body Dysmorphic Disorder(BDD)

불안에 대한 증상은 어떠한가?

불안에 대한 경험은 사람마다 다르지만, 그것이 끔찍한 경험이라는 사실만은 분명합니다. 이런 증상을 모두 경험하지 못할 수도 있고 다른 증상을 느낄 수도 있지만, 여기에 제시된 것은 가장 일반적인 증상의 목록입니다.

감정
불안하고 공황 상태에 빠진다. 흥분한다. 겁에 질리고 떨린다. 걱정스러워한다. 통제력을 잃을 것 같고 미쳐가는 듯하다. 자해 충동을 느낀다. 정신을 잃을 것 같다. 자살 충동을 느낀다. 과민해진다. 피곤하고 지친다. 힘이 없고 숨이 막힌다. 가슴이 조이거나 메스껍다. 공허하거나 고립된다. 냉랭하거나 과격하다.

기타 증세

공황 및 불안 발작, 심박수 증가, 두근거림, 불면증, 빠른 호흡이나 과호흡, 설사, 침투적 사고, 입 마름, 소화 불량, 통증과 고통, 식은 땀, 구토, 기억력 감퇴, 가만히 있지 못함, 이완이 어려움, 저림 증상, 두통, 광과민성, 소리 민감성, 심장 박동을 지나치게 의식, 반복적 사고, 강박관념, 충동.

자신만의 대처 목록

이 책에는 몇 가지 방법들이 나와 있습니다. 일정 부분에서 방법을 선택하고 새로운 전략과 팁을 배울 수 있습니다. 처음부터 끝까지 따로 기록하지 않고 읽어도 되지만, 팁마다 따라오는 질문에 답을 달아가며 읽을 수도 있습니다. 어떤 식으로 읽든 자신의 불안증에 도움이 되는 전략과 팁을 적어 내려가다 보면 나만의 대처 목록이 완성되면서 필요할 때 언제든 불안증 가이드로 사용할 수 있게 됩니다.

맞춤형 대처 목록

책을 읽다가 자신에게 적용되는 대처법 및 팁이 있다면 필요할 때 쉽게 참조할 수 있도록 이곳에 적어 놓으십시오. 다른 종이나 스마트폰에 칸을 더 추가해서 쓰셔도 좋습니다.

대처법	쪽수
예: 누군가와 대화하기	*예: 30*
1	
2	
3	
4	
5	

6	
7	
8	
9	
10	
11	
12	
13	
14	
15	
16	
17	
18	
19	
20	

이제 불안증에 대해 살펴보았으니
슬슬 시작해 볼까요
......

가장 중요한 것은?

처음에 나오는 여섯 가지 전략과 팁은 불안증과 함께
해 나가는 여정에서 당신이 꼭 알아두어야 할 중요한
사항들입니다.

#1
누군가와 대화하기

불안으로 고통받는 사람에게 가장 중요한 대처 방법 가운데 하나는 대화입니다. 자신의 느낌을 반드시 얘기해야 합니다. 미쳐갈 정도로 자신 안에 쌓아두지 마십시오. 사랑하는 사람, 가족, 친구, 심리 치료사, 의사 등 신뢰할 수 있는 사람에게 얘기하십시오. 가능한 모든 것을 얘기하고, 얘기할 수 있는 가까운 사람이 없다면 마인드Mind, 사마리탄즈Samaritans[전화로 우울증과 자살 충동에 시달리는 사람들의 고민을 상담해 주는 영국의 자선 단체. 우리나라에는 서울시자살예방센터(마음이음1080), 보건복지상담센터(1393)와 같은 기관에서 24시간 정신 건강 상담사와 전화로 상담할 수 있다.] 등 다양한 기관도 있습니다. 이 책의 뒷부분에는 필요하다고 느낄 때 이용할 수 있는 목록이 나와 있습니다. 어떤 방식이든 자신이 느끼는 바를 누군가에게 알리고 자신 안에 담아 두지 마십시오. 문제를 나누는 순간 반으로 줄어든다는 것을 잊지 마십시오.

---

1. 자신이 느끼는 바를 누군가와 얘기했습니까? **예 / 아니오**

2. 대화 후 그런 감정에 대한 불안과 걱정이 줄었습니까?
   예 / 아니오

3. 누구와 얘기했습니까? 그가 무엇이라고 말하던가요?

4. 앞으로도 그에게 자신의 감정을 얘기하겠습니까?

   '예'라는 대답을 권합니다.

5. 이 방법을 자신만의 대처 목록에 추가하겠습니까?

   '예'라는 대답을 권합니다.

#2
불안 받아들이기

불안을 다루는 가장 효과적인 전략은 그것을 받아들이고 두려워하지 않는 것입니다. 불안을 인정하고 그렇게 느껴도 괜찮다는 것을 받아들이십시오. 기분이 좋은 날도, 나쁜 날도 있다는 것을 인정해야 합니다. 불안 대처에 도움이 되는 방법들이 있다는 사실을 알아야 합니다. 물론 그것이 효과가 있는 날도 있지만, 효과가 없는 날도 있습니다. 불안은 자신의 일부임을 인정하고 자신의 모든 부분을 사랑해야 함을 기억하십시오. 이 책에 나와 있는 것처럼 긍정적 확신을 연습하면서 스스로 불안을 인정하고, 대처하고 있으며, 더 강해지고 있다는 것을 매일 자신에게 말해 주십시오. 이것은 그것이 실제가 될 때까지 계속 해야 합니다.

---

1. 당신의 불안을 인정합니까? **예 / 아니오**

2. 좋은 날과 나쁜 날이 있다는 것을 인정합니까? **예 / 아니오**

3. 당신이 느끼는 방식을 인정합니까? **예 / 아니오**

4. '불안을 인정하라.'는 것을 대처 목록에 추가하겠습니까?
   예 / 아니오

#3
촉발점 배우고 이해하기

행복한 삶을 살면서 불안에 대처하는 방법을 배우려면 불안의 촉발점을 이해하는 것이 매우 중요합니다. 불안감이 당신의 외모나 혹은 보이고 싶어 하는 모습에서 오는 겁니까? 과거에 자신에게 일어났던 일을 생각하면 불안해집니까? 아니면 미래에 일어날지도 모르는 일에 관한 생각입니까? 어떤 사람이나 단체, 소셜 미디어, 일, 사회적 상황과 관련되어 있습니까? 특정한 음식이나 재료가 기분을 나쁘게 만듭니까? 그것이 커피나 약이나 술 등입니까? 무엇이 되었든 자신의 불안한 생각이나 감정을 촉발하는 것들을 더 많이 알수록 불안을 다룰 좋은 태세를 갖춘 것입니다. 일단 자신의 촉발점을 이해하고 나면 상황을 적극적으로 변화시킬 수 있습니다. 만일 촉발점이 자신이 좋아하고 즐겨오던 일과 연관되었다고 생각한다면 그것을 완전히 근절하기보다는 관리해 보십시오. 근절하는 것이 오히려 건강하지 못한 특정 장소나 사람, 일 등을 선택하게 만들 수 있기 때문입니다. 촉발점이 문제의 근본 원인일 수도 있지만, 아닐 수도 있으므로 그것을 배우고 이해해야 합니다.

---

1. 촉발점을 관리하기 위해 적극적으로 조치하겠습니까?
   예 / 아니오

2. 이 전략을 자신의 대처 목록에 추가하겠습니까? **예 / 아니오**

#4
자살 충동

자살은 과거에 금기시되던 주제였지만 지금은 그렇지 않습니다. 사실 자살 충동은 생각보다 더 흔한 일입니다. 잘 알려진 정신 건강 자선 단체의 보고에 의하면 성인 인구의 100명 중 20명꼴로 자살 충동을 경험한다고 합니다. 그렇지만 자살 충동이 곧 그렇게 행동한다는 의미가 아니라는 것을 이해하는 것이 중요합니다. 자살 충동을 느낀다면 당신을 지지해 주는 누군가에게 얘기하십시오. 만일 그런 사람이 없다면 이 책 뒷부분에 연락할 수 있는 상담 전화가 많이 나와 있습니다. 여전히 그렇게 행동하려고 한다거나 이미 시도한 적이 있다면 즉시로 도움과 지원을 요청하십시오. 당장은 마음이 복잡해도 죽음은 답이 되지 못합니다. 세상에는 도움을 주려는 곳들이 있으며, 당신을 사랑하고 돌보려는 이들이 있습니다. 당신이 그렇지 않다고 느낄지라도 말입니다. 오늘은 최악이겠지만 그것이 내일도 그러리란 의미입니까? 기억하십시오. 폭풍이 지나간 후에는 고요하고 햇빛이 비칩니다. 내일이 바로 그런 날일 수 있습니다.

---

1. 자살 충동 경험이 있습니까? **예 / 아니오**

2. 지금 자살을 생각하고 있습니까? **예 / 아니오**

3. 위의 두 가지 질문 중에서 하나라도 예라는 대답이 있다면, 지금 바로 도움을 줄 수 있는 누군가를 만나십시오.

#5
운동

운동이 얼마나 중요한지 말씀드릴 차례입니다. 운동은 천연 진통제로 작용하는 엔도르핀을 체내 생성하며 항불안 효과를 활성화하고 수면의 질을 개선하는 우리의 좋은 친구입니다. 걷기, 뛰기, 근력 운동, 수영, 요가, 킥복싱, 기타 어떤 형태의 운동이든 이제는 왕년에 하던 운동을 당신의 몸에 다시 선사할 때입니다. 노력하십시오. 그러면 그에 따라 몸과 마음이 신체적 정신적 보상을 주고 자신감과 자부심을 높여 줄 것입니다. 혼자 운동하는 것을 좋아하면 걷기, 뛰기, 수영, 근력 운동을 해 보세요. 함께 운동하는 것을 좋아하면 복싱, 요가, 축구 같은 단체 운동을 해 보세요. 자신에게 맞는 운동을 찾는다면, 자기 기량에 따라 할 수 있는 다양한 온라인 정보도 많고 집에서 따라 할 수 있는 유튜브 영상도 많습니다. 직접 참여해 볼 수 있는 지역 내의 체육관이나 피트니스 수업 같은 여러 단체 운동도 있을 것입니다.

---

1. 운동을 해 봤습니까? **예 / 아니오**

2. 운동이 불안 감소에 도움이 되었습니까? **예 / 아니오**

3. 이 전략을 자신의 대처 목록에 추가하겠습니까? **예 / 아니오**

#6
충분한 수면 취하기

불안은 피곤을 가져옵니다. 잠을 잘 잤어도 깨는 순간부터 매일 시작되는 전쟁으로 인해 늘 지쳐 있을 수 있습니다. 같은 맥락에서 우리 몸이 불안의 쪼가리를 날려버릴 수 있는 최적의 기회를 주어야 하는데, 그 시작은 중간에 깨지 않고 밤에 7~8시간을 자는 것입니다. 그러면 기억력 유지, 면역력 증진과 함께 정신적 편안함을 유지하게 됩니다. 물론 일, 자녀, 과도한 생각 등으로 어려울 수도 있습니다. 충분히 자려고 애쓰는 중이라면 수면에 도움을 주는 것들을 사용해 보십시오. 캐모마일, 라벤더, 길초근, 수면 유도 음악이나 호흡법도 있습니다. 잠자기 전에 커피 또는 카페인이 들어 있는 차를 마신다거나 독서 또는 뉴스 시청 등 자극을 주는 것은 피해야 합니다. 잠자리에 들기 전에 화면을 보는 시간 또한 제한을 두어야 합니다. TV나 스마트폰, 컴퓨터나 태블릿이 블루라이트를 비추기 때문입니다. 블루라이트는 정신을 자극하고 '수면 호르몬'인 멜라토닌을 억제해 잠드는 것을 방해하고 불면증에 시달리게 한다는 보고도 있습니다.

---

1. 매일 규칙적으로 7~8시간을 깨지 않고 잡니까? **예 / 아니오**

2. 아니라면 수면 습관에 좋은 변화를 만들겠습니까? **예 / 아니오**

3. 이 전략을 자신의 대처 목록에 추가하겠습니까? **예 / 아니오**

통제하기

이번 섹션에 소개하는 전략과 팁은 불안을 통제하고
성공적으로 관리하는 방법을 가르쳐 줍니다.

#7
알파벳 게임

부정적인 생각이 들거나 침투적 사고intrusive thoughts[우연히 의식 속에 떠오르는 수용하기 힘든 불쾌한 생각]가 일어나고 생각이 너무 많다면 알파벳 게임을 시도해 보세요. 이것은 불안한 사고에서 무언가 다른 일로 마음을 전환하도록 도와주는 기법입니다. 정말 단순하면서도 재미있는 게임입니다. 아마 어릴 적에 친구나 가족과 함께해 본 적이 있을 것입니다. A로 시작해서 그 알파벳으로 시작하는 사람의 이름이나, 장소, 동물을 생각하는 것입니다. 예를 들면, 앨리슨Alison, 앙골라Angola, 땅돼지Aardvark 같은 것입니다. 다 했으면 B로 하고, 그다음엔 C로 차례대로 옮기는 것입니다. 불안한 생각이나 공황 상태를 경험할 때마다 평온을 찾기 위해 알파벳 게임을 해 보십시오. 마음속으로 해 볼 수도 있고 핸드폰이나 종이에 적으면서 할 수도 있습니다. 그러면 불안한 사고에서 주의를 돌려 재집중할 수 있게 해 줄 것입니다.

1.이 전략을 사용해 보았습니까? **예 / 아니오**

2. 알파벳 게임을 하고 불안한 생각이나 공황 상태가 사라졌습니까? **예 / 아니오**

3. 알파벳 게임이 불안을 덜어 주었습니까? **예 / 아니오**

4. 이 전략을 자신의 대처 목록에 추가하겠습니까? **예 / 아니오**

#8
혼자가 아님을 알기

불안에 대처할 때 가장 중요하게 기억해야 할 것은 자신이 혼자가 아니라는 점입니다. 미쳐가고 있다는 느낌과 세상이 사방으로 막힌 것 같더라도 당신만 그렇게 생각하는 게 아니라는 것을 기억하세요. 경찰, 판사, 의사, 법률가, 교사, 환경미화원, 카페 아르바이트생 등 누구라도 같은 감정을 느낍니다. 미국에서는 연간 약 1/5의 인구가 불안을 겪는 것으로 추정하며, 영국에서는 한 주에 약 1/6 정도는 불안장애를 겪는다고 보고 있습니다. 게다가 점점 증가하는 추세입니다. 당신만 그런 것이 아니라는 것을 이해하고 나면 마음을 열어 도움을 구하게 되고, 불안에 대해 이야기하게 될 것입니다. 친구나 가족 관계에서 보이지 않는 장벽을 허물고 자신의 감정을 터놓고 얘기해 보십시오. 그런 감정을 느끼는 사람들이 많다는 사실에 놀라게 될 것입니다.

---

1. 불안을 겪는 것이 혼자만의 일이 아니라는 것을 알고 나서 불안한 감정이 줄어들었습니까? **예 / 아니오**

2. 서로가 겪는 감정을 타인과 대화로 나누고 공통점을 발견한 적이 있습니까? **예 / 아니오**

3. 2번에서 예라고 대답했다면 그때 어떤 마음이 들었습니까?

4. 앞으로 더 많은 사람과 자기 감정에 대해 얘기하겠습니까?

예 / 아니오

5. 이 전략을 자신의 대처 목록에 추가하겠습니까? **예 / 아니오**

#9
괜찮지 않아도 괜찮다

앞서 언급했지만, 자신의 불안을 인정하면 불안에 대처하는 데 진 정으로 도움이 됩니다. 당신은 미친 게 아닙니다. 괴상하지도 않습 니다. 혼자만 그런 게 아닙니다. 우리는 이따금 인생에서 감정을 일으키는 사건들을 바로바로 통제하지 못할 수도 있습니다. 따라 서 거기서 생겨난 감정들은 지극히 정상이고, 괜찮지 않을 때도 괜 찮다는 것을 반드시 알아야만 합니다. 자주 자신에게 "괜찮지 않 아도 괜찮아."라고 말해 주십시오. 이와 뜻이 비슷한 인용문이나 밈meme[리처드 도킨스의 *이기적 유전자*(1976)>에서 유래된 말로 문화적 행 동이나 지식이 다른 사람에게 복제되어 전달되는 것을 의미하는데, 요즘은 SNS 등에서 유행하는 사진이나 영상물뿐 아니라 신조어 등 유행하는 대부분을 말한 다.], 노래, 영상들이 많은 것은 다 그럴만한 이유가 있는 겁니다. 그것은 괜찮지 않아도 괜찮기 때문입니다.

---

1. 괜찮지 않아도 괜찮다는 말에 수긍합니까? **예 / 아니오**

2. 괜찮지 않아도 괜찮다는 것을 이해하고, 자신이 더 자율적이며 불안감이 줄었다고 느낍니까? **예 / 아니오**

3. 이 전략을 자신의 대처 목록에 추가하겠습니까? **예 / 아니오**

#10
일기 쓰기

신체 일기physical diary를 작성하면 자신의 감정을 추적하는 데 도움이 됩니다. 일기에는 어떤 것이든 기록할 수 있고 불안을 자극한다고 인식하는 것들과 불안이 나아지는 데 도움이 되는 것들을 기록할 수 있습니다. 도움이 되는 것과 도움이 되지 않는 것을 기록해 나가면 불안을 관리하는 데 도움이 됩니다.

이 책은 자신에게 효과가 있는 것과 불안을 촉발하는 것들을 기록하여 다이어리로 사용할 수 있습니다. 날짜와 요일이 있는 다이어리에 이 같은 방식으로 감정을 기록할 수 있습니다. 또는 언제, 어디서든 사용할 수 있는 핸드폰에 목록을 보관해서 촉발점과 대처 방법을 추적할 수도 있습니다. 매일 좀 더 시각적으로 상기시키고 싶다면 집에 화이트보드나 마분지를 붙여놓고 그 위에 큰 글씨로 적어두는 것도 좋습니다.

---

1. 이 책이나 다이어리를 사용해 대처 목록을 작성하고 촉발점을 추적하겠습니까? **예 / 아니오**

2. 이 전략을 자신의 대처 목록에 추가하겠습니까? **예 / 아니오**

#11
기분 목록 작성하기

이 책이나 다이어리를 사용해 감정을 추적하는 것과 비슷하게 기분 목록을 작성하는 방법도 있습니다. 이것은 하루를 마칠 때마다 당신이 얼마나 불안을 느꼈는지 평가할 수 있는 시각적인 달력입니다. 1에서 5까지의 숫자를 사용하여 1은 '매우 불안함', 5는 '전혀 불안하지 않음'을 표시하면 됩니다. 점수 옆에 그날 일어난 일을 기록하면 경험, 감정, 행동이 불안 수준과 어떤 상관관계가 있는지 알 수 있습니다. 기분 목록 차트는 온라인에서 무료로 다운로드받아 출력해서 사용하거나 창의력을 발휘하여 직접 만들어도 됩니다.

이번 섹션을 마치기 전에 이 전략을 최소 2주 동안 시도해 보십시오.

1. 하루하루 얼마나 불안했는지 기록했나요? 이것이 자신의 경험, 감정, 행동과 어떤 상관관계가 있는지 기록했습니까?
   예 / 아니오

2. 이렇게 감정을 기록하는 것이 불안을 촉발하는 것과 불안을 개선해 주는 것을 파악하는 데 도움이 되었습니까?
   예 / 아니오

3. 이 전략을 자신의 대처 목록에 추가하겠습니까? **예 / 아니오**

#12
끌어당김의 법칙

세상에는 끌어당김의 법칙에 따라 성공한 삶을 살면서 그 효과를 확언하는 많은 사람이 있습니다. 끌어당김의 법칙이란, 간략히 말하자면 우주를 향해 발산하는 우리의 행동, 말, 생각이 곱절로 되돌아온다는 신념입니다. 예를 들어 정기적으로 기부를 한다면 우주가 그에 대한 재정적 보상의 방법을 찾아 줄 것입니다. 반면에 불쾌한 말을 일삼는다면 우주는 그 배로 불쾌한 일들로 되갚아 줄 것입니다. 어떤 일이 일어날지는 당신의 결정에 달려 있습니다. 그리고 이것은 불안 대처 방법으로 사용하면 좋습니다. 따라서 이를 염두에 두고 불안에 대해 생각할 때 우주로 내놓는 부정적인 생각, 말, 행동을 긍정적인 것들로 바꾸려고 노력하십시오. 말처럼 쉽지는 않죠? 하지만 연습하면 "죽을 것 같아." 대신 "죽을 것 같았지만, 지나갈 거라는 걸 알고 기분이 좋아질 거야."로 바꿀 수 있습니다. 자신이 내뱉는 말과 행동은 자신에게 달려 있으므로 부정적인 말과 행동을 구분해 보십시오. 그것들을 목록으로 만들고 좀 더 긍정적인 언어와 행동으로 바꿔 보십시오. 끌어당김의 법칙을 좀 더 알고 싶다면 『시크릿The Secret』[론다 번, *시크릿*, 살림Biz, 2007년]을 읽어 보십시오.

---

1. 이 전략을 자신의 대처 목록에 추가하겠습니까? **예 / 아니오**

#13
자신에게 훌륭하다고 말해 주기

무하마드 알리Muhammad Ali는 자신이 가장 위대한 사람이라고 진심으로 믿었고 그는 위대하게 되었습니다. 왜 그랬을까요? 그 이유는 그에게 위대한 기술과 힘이 있었고 또 자신을 믿었으며, 그가 위대한 자라는 것을 매일 자신과 세상에 대고 말했기 때문입니다. 이미 세상에는 긍정적 확신에 관한 많은 책이 있지만, 스스로 훌륭하다고 말해 주는 것이 가장 순수한 방식의 시작입니다. 매일 아침 일어날 때마다 자신에게 훌륭해, 좋은 느낌이야, 좋아 보여, 건강하네, 불안은 나보다 약하고 오늘 하루도 좋을 거라고 말해 주십시오. 믿기지 않아도 그것이 자신의 습관이 될 때까지 매일 시도해 보십시오. 이것은 통제력을 회복하는 과정의 일부이며, 머지않아 자기 말을 믿게 될 것입니다. 긍정적 확신의 말을 시작하기가 어렵다면 따라 할 만한 유튜브 영상도 많습니다. 처음에는 조금 이상하게 느껴지더라도 영상에서 하는 말을 듣고 큰 소리로 따라 하거나 머릿속으로 반복해 보십시오.

---

1. 자신에게 훌륭하다고 말해 준 적이 있습니까? **예 / 아니오**

2. 다른 긍정적 확신의 말을 자신에게 해 준 경험이 있습니까?
   예 / 아니오

3. 긍정적인 말은 어떤 느낌을 주나요?

4. 이 전략을 자신의 대처 목록에 추가하겠습니까? **예 / 아니오**

#14
감정은 사실이 아니다

우리가 기억해야 하는 근본적인 사실은 감정이 과학적 사실이 아니라는 점입니다. 이따금 우리는 자신에 대해 생각하는 바나 타인이 당신에 대해 생각하는 바를 사실이라고 혼동할 수 있습니다. 실제로는 아주 건강한데 죽어가고 있다고 생각할 때도 있습니다. 사실은 사람들이 당신을 좋아하고 사랑스럽다고 생각하는데도 사람들이 당신을 미워한다고 생각할 수 있습니다. 또는 아주 건강한 체중인데도 스스로 뚱뚱하다고 생각할지도 모릅니다. 느낌이 반드시 사실은 아닙니다. 이제 불안하고 부정적이며 침투적 사고가 일어날 때 스스로 말해 주십시오. 감정이 곧 사실은 아니라고 말입니다.

---

1. 스스로 감정은 사실이 아니라고 말하겠습니까? **예 / 아니오**

2. 이 전략을 자신의 대처 목록에 추가하겠습니까? **예 / 아니오**

#15
감사 실천하기

때때로 불안이 몰려오면 어떤 일에도 감사하기가 어려울 때가 있습니다. 하지만 감사는 좀 더 긍정적으로 나아가게 합니다. 당신을 불안하게 하는 일들을 생각하고 불안한 사실을 싫어하기보다는 감사한 일에 집중해 보십시오. 예를 들어, 아침에 일어나 "나는 나의 친구, 나의 개, 나의 가족, 나의 일, 하늘과 노래하는 새들에게 감사해."라고 말해 보십시오. 무엇이든 인생에서 감사할 것이나 현재 상황에서 감사할 일을 찾기 어렵다면 과거에 감사했던 일을 떠올려 보십시오. "내가 바라던 휴식을 취하며 등 뒤로 태양의 따스함을 느낄 수 있어서 감사해." "엄마 아빠는 좋은 분이었고 나를 잘 길러 주셔서 감사해." 등 기억할 수 있는 것은 무엇이든 말입니다. 가장 암울한 때라도 감사할 일은 아주 많고 이것은 긍정적 인생관을 회복하도록 당신을 도와줄 것입니다.

---

1. 당신은 인생에서 감사할 일이 있습니까? **예 / 아니오**

2. 그것은 무엇입니까?

3. 하루 중 시간을 내어 감사한 일을 떠올려 보겠습니까?
   예 / 아니오

4. 이 전략을 자신의 대처 목록에 추가하겠습니까? **예 / 아니오**

#16
생각이 흐르게 하라

부정적이고 불안한 생각이 일어날 수는 있습니다. 그러나 그 상태
에 머무르지 말고 대신 흘러가게 하는 것이 요령입니다. 그런 생각
이 일어나는 것을 받아들이되, 그때 스트레스를 받지 말아야 합니
다. 당신만 그런 생각에 빠지는 것이 아니며 부정적인 사고는 긍정
적 사고가 이는 것만큼 정상적인 일입니다. 그런 생각이 들자마자
무시하고 흘려버리십시오. 일단 그런 생각이 들었던 적이 있고 자
동적으로 떠나지 않는다면 사고 과정을 변화시키기 위해 이 책에
있는 것처럼 주의를 분산하는 기술을 사용하십시오. 부정적이고
불안한 생각은 당신만 겪는 것이 아니므로 너무 깊이 생각하거나
지나치게 걱정하지 않도록 노력하십시오. 그런 생각이 난다면 바
로 빠져나오십시오.

---

1. 부정적 사고는 긍정적 사고만큼 정상이라는 것을 이해
   했습니까? **예 / 아니오**

2. 불안하고 부정적인 사고가 금방 일어나게 한 후 바로
   사라지도록 시도해 본 적이 있습니까? **예 / 아니오**

3. 이것을 이루기 위해 주의분산기법distraction techniques을
   사용했습니까? **예 / 아니오**

4. 사용했다면, 그중에서 어떤 것을 사용했습니까?

5. 이 전략을 자신의 대처 목록에 추가하겠습니까? **예 / 아니오**

#17
심장 발작이 아닙니다

불안감으로 인해 공황발작이 일어난다면, 그것은 공황발작일 뿐 그 이상의 어떤 불길한 일도 아니란 것을 인식해야 합니다. 이전에 공황발작 겪은 적이 있다면 두려울지는 모르나 대처할 준비는 더 잘 되어 있는 것입니다. 그러나 처음 겪는 일일 때는 마치 심장 발작이나 실신 상태로 죽어간다는 생각이 들 것입니다. 구급차를 부르게 될지도 모릅니다. 그럴 때 상황을 벗어날 수 있는 일이라면 무엇이든 하십시오. 도움을 요청하는 전화라면 하십시오. 손을 뻗어 필요한 보살핌과 보호를 받으면 됩니다. 나아가 이전에 겪었던 공황발작이 또다시 발생하면 그것을 공황발작으로 인식하십시오. 호흡에 집중하고 이 책에서 다룬 다른 기법들을 생각하십시오. 공황발작은 죽는 것이 아닙니다. 순간이라고 느껴지지 않겠지만 짧은 시간 안에 회복될 것입니다.

---

1. 이전에 공황발작을 겪은 적이 있습니까? **예 / 아니오**

2. 그 당시 공황발작이라는 것을 알았습니까? 아니면 뭔가 다른 일이라고 생각했습니까?

3. 이후 공황발작이 있을 때 그것이 공황발작이라는 것을 알았습니까? **예 / 아니오**

4. 다시 공황발작을 겪는다면 공황발작이라는 것을 알아채고 이
   책에 소개하는 호흡법이나 기타 전략을 사용하겠습니까?
   예 / 아니오

5. 이 전략을 자신의 대처 목록에 추가하겠습니까? **예 / 아니오**

#18
만트라 반복하기

머릿속으로 반복할 수 있는 만트라mantra[영적 또는 물리적 변형을 일으킬 수 있다고 여겨지는 발음, 음절, 낱말 또는 구절]를 배우면 불안감이 있을 때 도움이 됩니다. 잘 알려진 것으로는 "이 또한 지나가리라"가 있습니다. 이외 "기분이 좋아.", "나는 건강해.", "내 삶은 아름다워." 등이 있습니다. 그 순간 그것을 믿을 수 없더라도 말로 하십시오. 부정적인 사고가 침투하려고 할 때 이런 만트라를 되풀이하도록 뇌를 훈련하십시오. 이겨 낼 수 있습니다.

---

1. 불안을 느낄 때 만트라를 사용하기로 결심했던 적이 있습니까?
   예 / 아니오

2. 어떤 만트라입니까?

3. 그것을 사용한 적이 있습니까? **예 / 아니오**

4. 그때 느낌이 어땠습니까?

5. 불안할 때 만트라를 반복하겠습니까? **예 / 아니오**

6. 이 전략을 자신의 대처 목록에 추가하겠습니까? **예 / 아니오**

#19
효과적인 방법 찾기

이 책에는 많은 팁, 그러니까 150가지나 되는 팁이 있습니다. 다행스럽게도 그중 다수는 당신에게 효과가 있을 수 있고, 안타깝지만 없을 수도 있습니다. 효과가 있는 팁이 무엇인지 알고 강점으로 활용하는 것이 비결입니다. 제 손에 맞는 장갑이 따로 있듯이 불안증양상도 제각각이며 그 대처법도 마찬가지입니다. 불안증의 유형은다양하므로 자신에게 잘 맞는 전략을 찾아야 합니다. 당신에게 가장 잘 맞는 장갑을 찾듯이 다양한 기술과 방법을 시도해 보십시오. 이 책 서두에 소개한 대처 목록을 작성하면서 당신의 불안을 관리하는 데 도움되는 것들은 사용해 보십시오.

이 책에 소개한 150가지 전략과 팁을 모두 읽은 후, 다음 질문을 다시 한번 살펴보십시오.

1. 이 책에 소개한 전략과 팁을 많이 시도해 보았습니까? **예 / 아니오**

2. 생활 중에 실행해 본 것이 있습니까? **예 / 아니오**

3. 대처 목록을 작성했습니까? **예 / 아니오**

4. 작성했다면 정말 잘 한 것입니다. 만일 작성하지 않았다면 이유는 무엇입니까?

5. 이 전략을 자신의 대처 목록에 추가하겠습니까? **예 / 아니오**

#20
공황발작은 언제나 끝이 있다는 것 기억하기

시작이 있는 모든 일에는 반드시 끝이 있으며, 불안으로 야기된 공황이나 불안 발작도 마찬가지입니다. 아무리 끔찍해도 지나갈 것입니다. 하루에 여러 번이거나 한 달에 한 번 정도 반복될 수 있겠지만 그것은 지나갈 것입니다. 공황이나 불안 발작이 있을 때 이 책의 팁을 사용하여 증상을 완화하고 극복하세요. 그리고 그때마다 자신에게 말해 주는 것을 잊지 마세요. '이것은 지나갈 거야.'

---

1. 공황이나 불안 발작이 있을 때 '이것은 지나갈 거야.'라고 스스로 말한 적이 있습니까? **예 / 아니오**

2. 그 일이 끔찍한 만큼 반드시 지나간다는 것을 안 것이 불안에서 벗어나는 데 도움이 되었습니까? **예 / 아니오**

3. 이 전략을 자신의 대처 목록에 추가하겠습니까? **예 / 아니오**

#21
할 수 있는 만큼만 하기

불안감을 느낄 때, 할 수 있거나 하고 싶은 만큼만 하면 된다는 것을 기억하십시오. 모든 것을 할 수 없어도 괜찮습니다. 스스로 시공간의 여유를 주십시오. 좌절감이 올 수는 있지만, 단기적으로는 할 수 있는 것과 할 수 없는 것에 어떤 제약이 있다는 것을 이해해야만 합니다. 중요한 것은 이 사실을 받아들이고 기분이 나빠지지 않도록 하는 것입니다. 잘 하도록, 성취하도록, 하고 싶은 일을 하도록 자신을 밀어붙이십시오. 하지만 심하게 몰아쳐서 한계를 넘어가면서까지 자신을 불안하게 만들지 마십시오. 상황은 더 나아지고 개선될테니 다만 단기적으로는 삶을 편안하게 만들고 자신에게 다른 부담을 주지 마십시오.

---

1. 당신은 자신을 지나치게 채찍질하거나 결과적으로 더 불안하게 만들 때가 있다는 사실을 인정합니까? **예 / 아니오**

2. 어떤 상황에서 그렇게 하고 있습니까?

3. 지나치지 않을 정도까지만 채찍질하여 목표를 달성하겠습니까?
예 / 아니오

4. 이 전략을 자신의 대처 목록에 추가하겠습니까? **예 / 아니오**

#22
똑바로 서기

불안이 엄습하면 우리는 몸을 움츠리거나 종종 팔짱을 끼고 팔로 몸이나 어깨를 감싸는데, 이것은 긴장하고 겁으로 가득 차기 때문입니다. 이렇게 행동하는 이유는 투쟁-도피fight or flight[투쟁-도피 반응: 교감신경계가 작용하여 생긴 에너지를 소비해서, 긴급 상황 시 빠른 방어 행동 또는 문제 해결 반응을 보이기 위한 흥분된 생리적 상태] 상태에서 심장이나 폐 같은 중요한 신체 기관을 보호하려는 우리 자신에게 보내는 잠재의식적의 메시지입니다. 만약 이런 상황이 느껴지면 우리 몸에 자연 치유법을 제공하는 것이 반드시 필요합니다. 이를 위해 4초간 크게 심호흡을 하면서 똑바로 서 계세요. 그런 다음 4초 동안 자세를 유지하면서 가슴을 펴고 어깨를 뒤로 젖힌 후 다시 4초간 숨을 내쉽시오. 이것은 실제로 우리가 우리 몸을 통제하고 있다고 마음에 보내는 신호입니다. 그다음으로는 이 책에 기술된 다른 대처법을 덧붙여 이 동작을 지속해 보십시오.

이번 섹션을 마치기 전에 이 전략을 최소 3번 이상 시도해 보십시오.

1. 이 전략을 취할 때 당신의 몸을 더 많이 통제하고 있다고 느낍니까?
   예 / 아니오

2. 이 전략이 불안을 감소시킵니까? **예 / 아니오**

3. 이 전략을 자신의 대처 목록에 추가하겠습니까? **예 / 아니오**

#23
안정감을 주는 사람들과 함께하기

불안이나 기타 정신적, 신체적 건강 문제가 있으면 우리 주변에 있는 사람들의 도움이 필요합니다. 다행스럽게도 당신 주변에 도움이 되는 네트워크가 충분하다면 그들과 감정을 공유하고 시간을 보내십시오. 당신을 아끼고 이해하는 사람들은 상황을 더 좋게 느끼도록 돕고 때로는 당신이 필요로 하는 적절한 도움을 줄 것입니다. 누군가는 당신에게 이 책을 사 주었을지도 모르겠습니다. 우리 자신을 둘러싸고 있는 사람들은 우리가 느끼고 행동하는 바에 중요한 영향을 줍니다. 이 점을 마음에 새기고 가능한 모든 주변을 도움과 사랑, 그리고 공감으로 둘러싸이게 하십시오. 혼자라고 느끼거나 주변에 도움이 되는 네트워크가 없다면 이 책 뒷부분에 있는 단체의 목록을 보십시오. 그들은 당신을 도울 수 있고 필요한 것을 제공해 줄 것입니다.

---

1. 당신을 아끼고 돌보는 사람들과 충분한 시간을 보내고 있습니까? **예 / 아니오**

2. 당신이 진정으로 느끼는 바를 그들과 공유하고 있습니까?
   예 / 아니오

3. 아니라면, 앞으로는 당신의 감정을 말하겠습니까? **예 / 아니오**

4. 당신의 감정을 말했을 때 지지받는 느낌이었습니까? **예 / 아니오**

5. 이 전략을 자신의 대처 목록에 추가하겠습니까? **예 / 아니오**

#24
타인과 비교하지 않기

이것이 당신 불안의 근원일 수도 아닐 수도 있지만, 자신을 남과 비교하는 것이 상황에 전혀 도움이 되지 않는 것은 분명합니다. 우리는 종종 눈에 보이는 타인의 성공에 신경을 쓰고, 결과적으로 자기 삶에 의문을 제기하는 잘못을 저지를 때가 많습니다. 이로써 타인과 같은 삶을 살고픈 바람으로 인해 불안감이나 열등감을 느끼게 됩니다. 옛말마따나 비교는 기쁨을 도둑질합니다. 불안하다면 자기 일에 집중해서 당신의 삶에 기쁨을 가져오십시오. 다른 사람의 일이나 가진 것을 바라보지 마십시오. 당신의 삶에도 그들이 바라는 것이나 당신이 결코 알지 못했던 그와 유사한 일들이 존재합니다. 그러니 타인의 삶을 부러워하며 시간을 낭비하지 마십시오. 5명 중 1명 이상이 불안 문제로 고통받는다는 것을 기억하십시오. 결국 당신 스스로 비교로 삼는 이들이 어쩌면 당신만큼이나 아니 그보다 더 불안할 수 있다는 사실을 발견할지 모릅니다.

---

1. 당신은 타인의 삶을 자신의 삶과 비교하고 있습니까? **예 / 아니오**

2. 그럴 때 당신 감정은 어떻습니까?

3. 타인의 삶과 비교하는 것을 그치려고 노력하겠습니까? **예 / 아니오**

4. 이 전략을 자신의 대처 목록에 추가하겠습니까? **예 / 아니오**

#25
쓰기

불안으로 고통받는 많은 사람들은 글을 쓰는 것이 내면에 갇혀 있는 감정에 대처하는 데 도움이 된다는 것을 압니다. 창조적 글쓰기는 그들이 느끼는 바를 표현할 수 있다는 것을 깨닫는데, 즉 언어를 통해 불안을 살피고 자기 완화를 하는 데 도움이 됩니다. 펜과 종이로 하든 핸드폰에 기록하든 당신의 언어가 데려다주는 그곳을 보십시오. 이전에 이와 비슷한 일을 해 본 적이 없다면 이제 시작해 보는 게 어떨까요? 당신이 원치 않는다면 다른 누군가와 그 글을 공유할 필요는 없습니다. 하지만 자유로우면서 의미 있는 글쓰기는 전체적인 정신 건강과 불안에 긍정적인 영향을 줄 것입니다.

---

1. 당신은 전에 감정을 글로 써 본 경험이 있습니까? **예 / 아니오**

2. 당신이 어떻게 느끼는지 써 볼 예정입니까? **예 / 아니오**

3. 이 전략을 시도했을 때 당신의 감정을 표현하는 데 도움이 되었습니까? **예 / 아니오**

4. 당신의 감정을 앞으로도 계속 써 볼 예정입니까? **예 / 아니오**

5. 이 전략을 자신의 대처 목록에 추가하겠습니까? **예 / 아니오**

#26
더 큰 그림 보기

당신이 다른 사람들을 볼 때 그들에게 있는 좋은 점이 보이는 것처럼, 그들도 당신을 볼 때 당신에게서 좋은 점을 볼 것입니다. 믿을 수 있건 없건 이것은 사실입니다. 간혹 우리는 우리가 불안에 압도되도록 자신을 방치하고, 우리를 부족하다고 느낄 수 있습니다. 사실을 말하자면, 진실은 정반대입니다. 아무리 최악의 순간이라 해도 누군가는 당신을 존경하고 당신이 가진 힘을 자기도 갖기를 바라는 사람들이 있습니다. 보다 더 큰 그림을 보십시오.

---

1. 불안으로 간혹 당신이 부족하다고 느낄 때가 있습니까?

   예 / 아니오

2. 당신은 대단하고 가진 것이 많다는 것을 알고 있습니까?

   예 / 아니오

3. 아니라면, 친구와 가족에게 당신의 훌륭한 점이 무엇인지 물어보십시오.

4. 그들이 말해 준 것은 무엇입니까?

5. 그들의 말에 기분이 어땠습니까?

6. 이 전략을 자신의 대처 목록에 추가하겠습니까? **예 / 아니오**

#27

집, 작업 공간, 차 정돈하기

어수선한 집이나 작업 공간, 차는 혼란스러운 마음의 원인일 수 있습니다. 당신의 집이나 작업 공간, 차가 쓰레기로 가득하거나 정리가 안 되어 있다면 당신의 정신 건강을 위해 주변을 개선하고 청소해야 합니다. 우리는 집, 일터, 차에서 대부분 생활하게 되는데, 이런 곳들이 쓰레기로 가득 차 있다면 불안은 커지고 무기력하며 동기부여가 안 되는 감정에 이끌릴 수 있습니다. 여기는 우리가 안정감을 느껴야 할 곳입니다. 쉽게 말해 정리는 일단 시작하기만 하면 그리 어려운 일이 아닙니다. 청소는 긴장을 풀고 마음을 가라앉힐 수 있을 뿐만 아니라 결과적으로 우리가 거할 더 나은 환경을 제공해 줍니다. 그러므로 이 장소들을 그렇지 않아도 불안해하는 당신의 생활에 불안감을 더하는 장소가 아니라 편안함을 느낄 수 있는 장소로 만드십시오.

---

1. 집, 작업 공간 또는 차가 어수선합니까? **예 / 아니오**

2. 이 장소를 깨끗이 하기 위해 어떤 노력을 더 할 예정입니까?
   예 / 아니오

3. 이 장소들을 깨끗이 했을 때 어떤 기분이었습니까?

4. 이 전략을 자신의 대처 목록에 추가하겠습니까? **예 / 아니오**

#28
신뢰할 만한 사람에게 전화하기

불안하거나 걱정될 때, 전화를 걸고 대화할 수 있는 누군가와 가까이한다는 것은 언제나 좋은 일입니다. 당신의 처지를 이해하고 당신이 어떻게 느끼는지를 말할 수 있는 누군가가 있다면 불안하고 고립된 느낌을 막을 수 있습니다. 만나서 얘기할 기회가 있다면 그렇게 하십시오. 하지만 혼자일 때를 대비해 사람을 정해 두거나 불안으로 가득 차면 전화를 걸 수 있는 사람을 만들어 놓으십시오. '전화 친구'가 될 사람을 결정했다면 힘든 날을 보낼 때 당신을 돕기 위한 전략과 기법에 익숙해지도록 그에게 이 책을 주면 좋습니다. 만약 당신이 불안할 때 말할 수 있는 사람이 아무도 없다면 도움을 요청할 수 있는 단체나 연락처가 이 책에 있습니다. 문제를 나누면 고민은 반으로 줄어들게 되고, 다른 사람과 조금이라도 자신의 감정을 나눌 때 종종 기분이 나아진다는 것을 기억하십시오.

---

1. 당신에게는 힘든 날 전화할 수 있는 사람이 있습니까? **예 / 아니오**

2. 전화할 수 있는 사람은 누구입니까?

3. 그가 당신을 돕는 전략과 기법을 배울 수 있게 이 책을 읽도록 해 주었습니까? **예 / 아니오**

4. 이 전략을 자신의 대처 목록에 추가하겠습니까? **예 / 아니오**

#29

불안을 두려워하지 않기

말처럼 쉽지는 않죠? 특히 세상이 당신을 집어삼키는 것 같고 공포에 휩싸여 죽을 것 같은 느낌이 들 때 말입니다. 하지만 불안은 당신을 죽이지 못하며, 당신은 불안을 관리하는 법을 배우게 될 것이니 무서워 마십시오. 오히려 불안이 당신을 무서워해야 합니다. 당신이 얼마나 강한지, 그리고 당신이 더 많은 기법을 익히고 정신 건강을 돌보는 더 나은 태세를 갖추면서 대처 방법은 매일 어떻게 개선되는지 보고 두려워할 것입니다. 지금 당장 이렇게 말해 보세요. '나는 불안이 두렵지 않아!' 불안에 대한 소유권을 취하십시오. 불안은 당신의 일부이지 전부가 아닙니다. 불안을 인정하고 정면으로 마주하며 불안이 당신을 이기지 못하게 하십시오. 당신은 할 수 있습니다.

---

1. 불안이 두렵습니까? **예 / 아니오**

2. 당신을 두렵게 하는 것은 무엇입니까?

3. 이 책에 소개한 대처 전략을 많이 배워서 불안에 대한 두려움을 제거하겠습니까? **예 / 아니오**

4. 지금 자신에게 이렇게 말해 주세요. "나는 불안이 두렵지 않아."

5. 이 전략을 자신의 대처 목록에 추가하겠습니까? **예 / 아니오**

#30

불안장애 온라인 커뮤니티에 참여하기

오늘날, 우리는 운 좋게 손끝에서 정보와 네트워크의 세계를 누리고 있습니다. 당신은 당신처럼 불안으로 고통받는 사람들의 모임이나 포럼을 온라인에서 찾아 자신에게 유리하게 이용할 수 있습니다. 페이스북은 당신이 정보를 찾고 용기를 얻을 수 있는 많은 자료가 있는 좋은 공간입니다. 이곳에는 생각이 비슷한 사람들과 불안에 대해 대화할 수 있는 모임도 있습니다. 이미 페이스북을 사용하고 있다면 '불안'이라는 키워드를 검색해 당신에게 적합해 보이는 모임에 참여하십시오. 페이스북 계정이 없다면, 하나 만들고 위에서 말한 것처럼 검색을 완료할 가치가 있을 것입니다. 다른 웹사이트에도 유익한 대화 모임이 있으니, 자신에게 가장 잘 맞는 것을 찾도록 하십시오. 그러나 증상을 찾아보는 것은 조심해야 하며 구체적인 의학적 조언은 비슷한 고통을 겪는 동료가 아니라 전문가에게만 받아야 합니다.

---

1. 불안장애와 관련된 온라인 커뮤니티에 참여한 경험이 있습니까? **예 / 아니오**

2. 어떤 모임에 참여했습니까?

3. 이 전략을 자신의 대처 목록에 추가하겠습니까? **예 / 아니오**

#31
지식은 힘이다

당신이 불안과 공황발작에 대해 배우면 당신이 왜 그렇게 느끼는지 이해할 수 있게 되는데, 이것은 중요합니다. 당신은 죽어가는 것이 아니며 이상한 것도 아닙니다. 다만 그렇게 느끼게 하는 특별한 촉발 요인이 있다는 것을 깨닫는 것이 본질입니다. 당신의 정신 건강을 보다 잘 이해하는 것은 당신이 안정을 유지하고 지금까지 그렇게 해 온 것처럼 불안이 당신을 기겁하게 만들지 못하도록 도와 줄 것입니다. 이런 책이나 전문적인 기사, 블로그를 읽고 전문 의료인이나 다른 비슷한 생각을 하는 사람들과 이야기를 나누십시오. 이 책이나 이와 비슷한 자조self-help 서적에서 전략을 배우고, 이해하고, 적용하며 전문가와 다른 사람들의 대처 전략에 관해 이야기를 나눔으로써 당신은 불안에 더 잘 대처할 수 있는 위치에 있게 될 것입니다. 아는 것이 힘입니다.

---

1. 당신은 자신의 불안을 잘 이해하고 있습니까? **예 / 아니오**

2. 왜 당신이 그렇게 느끼는지 아십니까? **예 / 아니오**

3. 2의 답이 '**예**'라면 그것이 당신의 불안을 좀 더 성공적으로 관리하는 데 도움이 됩니까? **예 / 아니오**

4. 2의 답이 '**아니오**'라면 당신이 왜 그렇게 느끼는지를 알려고 더 연구할 것입니까? **예 / 아니오**

5. 이 전략을 자신의 대처 목록에 추가하겠습니까? **예 / 아니오**

#32
인내하기

불안에 대처하는 법을 배우고 이해하는 것은 점진적으로 이루어지는 과정이며 하루아침에 이루어지지 않습니다. 당신에게는 좋은 날도 나쁜 날도, 대단한 날도 끔찍한 날들도 있으니 인내하십시오. 당신에게 맞는 기법을 배우고 당신의 불안을 이해하며 그것들이 잘되어 나감에 따라 맛보게 될 작은 승리를 기뻐하십시오. 이미 말한 바와 같이 괜찮지 않아도 상관없고, 세상에는 당신과 같이 끔찍한 감정을 겪는 많은 사람이 있습니다. 시간이 지나면서 당신은 나아질 것이고 불안의 잔재를 걷어내는 실력이 향상될 것입니다. 그러나 그동안은 끈기를 가지고 당신이 미쳐가는 게 아니라는 것에 감사하십시오.

---

1. 당신은 불안으로 얼마나 오래 고통받아 왔습니까?

2. 당신에게는 인내심이 필요하고, 시간이 지남에 따라 개선될 것을 알고 있습니까? **예 / 아니오**

3. 불안을 다루는 데 도움이 되는 전략과 기법을 적극적으로 배우고 있습니까? **예 / 아니오**

4. 이 전략을 자신의 대처 목록에 추가하겠습니까? **예 / 아니오**

#33

돕는 모임에 가입하기

불안이든, 우울이든, 스트레스든 이것을 겪는 이들의 다양한 요구에 맞는 협력 모임이 아주 많습니다. 당신을 지역 가까운 모임으로 안내해 줄 수 있는 후원 단체의 목록이 이 책 뒤에 나와 있습니다. 또는 인터넷을 통해 공감대가 같은 사람들과 얘기를 나눌 수 있는 모임을 찾을 수도 있습니다. 이들 모임에 참여함으로써 고립감과 평가받는 느낌을 줄여 나가는 동시에 당신이 느끼는 바를 터놓을 수 있도록 도와 줄 것입니다. 다른 사람도 당신과 같이 느낀다는 것을 알게 된다면 당신이 겪는 불안장애에 긍정적인 영향을 줄 수 있습니다. 대처 방법, 전략 및 이야기들을 함께 공유하고 서로 지지하는 데 도움을 줄 수 있습니다.

---

1. 돕는 모임에 가입하겠습니까? **예 / 아니오**

2. 당신의 지역에서 적합한 모임을 찾았습니까? **예 / 아니오**

3. 그 모임에 참여하겠습니까? **예 / 아니오**

4. 모임에 참여한 적이 있다면 어떤 기분이 들었습니까?

5. 더 많은 모임에 참여하겠습니까? **예 / 아니오**

5. 이 전략을 자신의 대처 목록에 추가하겠습니까? **예 / 아니오**

#34
스트레스가 적은 직업 찾기

당신의 직업이 일정 수준의 편안함을 넘어서는 스트레스를 줍니까? 혹시 뭔가 다른 일을 하고 싶어 하는 자신을 발견한 적이 있습니까? 자신이 과소 평가된다고 느낍니까? 이런 일들은 모두 스트레스 지수를 높여 불안에 부정적인 영향을 줄 수 있습니다. 만일 당신의 상황이 이렇다면 정신 건강에 더욱 긍정적인 영향을 끼칠 새로운 직업이나 역할을 찾아야 할 시기일 수 있습니다. 다행히 요즘은 기회가 많습니다. 누군가를 위해 일하든 자신을 위해 일하든 항상 하고 싶어 했던 일을 하십시오. 억만장자가 될 수 있을지 없을지는 모르지만, 업사이클링 사업에 도전하거나 보육 환경에서 일하며 행복을 찾을 수 있습니다. 돈이 전부가 아닙니다. 기초적인 생활이 보장되는 범위 내에서는 인생에서 가장 중요한 것은 건강, 행복, 웰빙, 가족, 친구 같은 것입니다. 그 외 물질적인 것들은 보너스입니다. 긍정적인 정신 건강은 자산이라는 것을 기억하십시오.

---

1. 당신의 직업이 당신을 불안하게 합니까? **예 / 아니오**

2. 다른 일을 하겠습니까? **예 / 아니오**

3. 2번의 답이 '예'라면 어떤 일을 하고 싶습니까? **예 / 아니오**

4. 이 전략을 자신의 대처 목록에 추가하겠습니까? **예 / 아니오**

#35

쓰레기통에 버리기

종이 한 장과 펜을 준비하십시오. 불안감을 주는 모든 일을 적어 보십시오. 그 종이를 구겨서 쓰레기통에 던진 다음 호흡을 하십시오. 당신의 불안을 치료할 수 있는, 그게 그렇게 간단한 일이었다면 얼마나 좋을까요. 이런 행위가 불안장애를 치료하지는 못하지만, 요즘에 나오는 연구 결과에 따르면 이렇듯 부정적인 생각들을 폐기하는 물리적 행동이 당신에게 통제 권한을 주는 효과가 있다고 합니다. 물론 생각은 다시 재빠르게 살아날 수 있지만, 어떻게 느끼는지 살펴볼 가치는 충분합니다. 인생의 통제권을 회복하도록 시도하는 첫 번째 행동이 될지도 모를 일입니다.

---

1. 당신이 불안하게 여기는 것들을 써서 쓰레기통에 버리려고 시도해 본 적이 있습니까? **예 / 아니오**

2. 이 일이 당신에게 통제 권한을 갖도록 해 주었습니까? **예 / 아니오**

3. 이 전략을 자신의 대처 목록에 추가하겠습니까? **예 / 아니오**

#36

용서하거나 잊어버리거나

우리 대부분은 살면서 우리를 부당하게 취급했다는 생각이 드는 사람이나 상황을 맞닥뜨린 적이 있을 것입니다. 어떤 사람은 그냥 잊고 용서하는 게 더 낫다는 것을 알게 되지만, 평생 깊은 원한을 품고 사는 사람도 있습니다. 당신에게 잘못한 사람이나 상황에 대한 깊은 원한을 가지고 있다면 그냥 잊거나 해결해야 할 필요가 있습니다. 만약 누군가 나쁜 상황에 대한 악감정을 숨겨두는 것은 삶이 앞으로 나아가는데 알맞지 않습니다. 이러한 감정은 당신이 했던 일이나 하지 않았던 일에 관한 것일 수도 있습니다. 이 모두가 당신의 불안증과 불안정에 스트레스와 압력을 가할 수 있으며 당신이 싸워 나가느라 애쓰고 있는 것들입니다. 만일 이런 상황에 공감이 된다면 이 문제를 마주하고 용서하거나 잊어야 할 때입니다. 그렇지 않으면 당신은 계속해서 이 문제들이 불안하고 비참하게 만드는 것을 허용하게 되는데, 때로는 평생 갈 수도 있습니다.

---

1. 현재 또는 과거에 있었던 어떤 인물을 향해 부정적인 감정을 가지고 있습니까? **예 / 아니오**

2. 자신에 대해서나 살면서 일어났던 어떤 상황에 대해 부정적인 감정을 가지고 있습니까? **예 / 아니오**

3. 이제 용서하거나 잊고 앞으로 나아갈 때입니까? **예 / 아니오**

4. 이 전략을 자신의 대처 목록에 추가하겠습니까? **예 / 아니오**

#37
침투적 사고

당신이 무언가를 생각하지 않으려고 억제하면 할수록 그 반동으로 더 많이 생각나게 될 것입니다. 공감이 되십니까? 이것은 스스로 무언가 생각하지 말라고 하면 할수록 실상은 더 생각나고 주의를 집중하게 되기 때문입니다. 침투적 사고intrusive thoughts[우연히 의식 속에 떠오르는 수용하기 힘든 불쾌한 생각]는 지극히 정상적인 것으로 당신이 실제 어떻게 느끼는가를 나타내는 것이 아닙니다. 침투적 사고는 당신의 생각이나 느끼는 바와 정반대인 경우도 종종 있을 수 있습니다. 그러나 뇌는 우리와 도전적인 게임을 하는 것을 좋아합니다. 당신이 할 수 있는 최선은 침투적 사고가 들어오면 다시 나가게 하는 것입니다. 침투적 사고는 당신을 괴롭히고 감정적으로 만들거나 당신을 끔찍한 사람으로 느끼게 할 수도 있습니다. 하지만 그 문제에 주의를 기울이면 기울일수록 이러한 생각은 계속 떠올라 우리를 비참하게 할 것입니다. 이 사슬을 끊으려면, 이 책에서 설명한 대로 대화요법talking therapy, 주의분산기법distraction techniques,, 호흡법breathing techniques 및 기타 전략들을 포함한 다양한 전략을 사용할 수 있습니다. 그런데도 침투적 사고가 견딜 수 없을 정도라면 신뢰할 만한 누군가와 그 문제에 관해 대화를 나누는 것이 대단히 중요합니다.

---

1. 침투적 사고로 고통받고 있습니까? **예 / 아니오**

2. 침투적 사고에도 편안하게 지낼 수 있습니까? **예 / 아니오**

3. 2번의 답이 **'아니오'**라면 그 문제에 관해 누군가와 얘기할 필요
   가 있습니다.

4. 이 전략을 자신의 대처 목록에 추가하겠습니까? **예 / 아니오**

#38
냉수 요법

처음에는 약간 으스스하게 들릴 수 있겠지만, 연구 결과에 따르면 찬물 샤워와 냉수욕이 실제로는 정신 건강을 증진시킬 수 있다고 합니다. 이것은 우리 몸이 찬물을 접할 때 엔도르핀이 나와서 스트레스와 통증을 일으키는 호르몬 코르티솔의 수치를 낮추기 때문입니다. 이 주제에 관해서는 많은 연구가 있으며 윔 호프Wim Hof 라는 인물을 조사해 보면 도움이 됩니다. 아이스 맨이라고도 알려진 그는 냉수 요법의 장점을 홍보하는 데 앞장서 온 인물입니다. 이 전략을 시도해 보고 싶다면 매일 아침 찬물 샤워를 하고 윔 호프와 그의 가르침을 살펴보는 것부터 시작해 보십시오.

---

1. 냉수 요법을 시도해 본 적이 있습니까? **예 / 아니오**

2. 느낌은 어땠습니까?

3. 계속하겠습니까? **예 / 아니오**

4. 이 전략을 자신의 대처 목록에 추가하겠습니까? **예 / 아니오**

#39
재정 관리하기

불안증이 있다는 것은 이미 충분히 힘든 상황이므로 생활하면서 그것에 우선순위를 두고 다른 무언가로 불안이 가중되지 않도록 해야 합니다. 이 점을 염두에 둔다면 아직 지불하지 않은 청구서나 빚이 있다면 정면으로 맞서 해결해야 합니다. 고지서가 들어오는 대로 처리하여 재정 문제가 더 큰 불안을 일으키지 않도록 하십시오. 이미 재정 문제로 곤경에 처해 있다면 서민 금융 상담소나 당신의 재정 문제에 도움을 줄 수 있는 기타 유사한 기관을 찾아가서 사정을 이야기하십시오. 당신이 어떻게 생각하느냐에 따라 돈이 반드시 행복을 가져다주는 것은 아니지만, 돈을 관리하지 못하면 당신을 더 불안하게 만들 수 있습니다.

---

1. 청구서가 들어오는 대로 지불하고 있습니까? **예 / 아니오**

2. 감당하기 힘든 빚이 있습니까? **예 / 아니오**

3. 그것은 당신의 감정을 어떻게 만듭니까?

4. 도움의 손길을 구하고 정면으로 대응하겠습니까? **예 / 아니오**

5. 이 전략을 자신의 대처 목록에 추가하겠습니까? **예 / 아니오**

#40
파국화 멈추기

불안증이 있는 사람들의 99.9%는 파국화catastrophizing[엘리스Ellis가 합리정서행동치료에서 소개한 개념으로, 부정적 사건이 비합리적으로 과장되어 최악의 결과를 가져올 것이라고 생각하는 인지왜곡현상, 네이버 지식백과]를 생각하는 잘못을 범한다는 것입니다. 그것은 우리의 생각이 항상 최악의 시나리오로 끝나는 지점입니다. 파국화는 현재 일어나고 있는 일이나 미래에 일어날지도 모른다고 여기는 일로 인해 발생할 수 있습니다. 현재 일어나고 있는 일에 대한 파국화의 예로는 사실은 공황발작이 일어나고 있는 것인데 자신은 죽을 것 같다고 생각하는 것을 포함할 수 있습니다. 다른 한편으로는, 미래에 일어날 수 있는 상상 속의 사건들도 최악의 상황을 상상하는 것입니다. 예를 들어 이럴 수 있습니다. '파트너가 나를 배신해서 혼자 남겨지면 어쩌지?' '나는 무엇을 해야 할까?' '직업을 잃고 수입이 전부 없어지면 어쩌지?' '가족을 어떻게 부양해야 할까?' 파국화를 멈추려면 우선 당신이 상상하고 있을 때 그것을 인지해야 합니다. 만약 생각이 최악의 시나리오로 치닫고 있다는 것을 발견하면 당신은 스스로 "나는 파국을 상상하고 있는 거야."라고 말해 주어야 합니다. 분명하게 당신이 최악을 상상하고 있다는 것을 파악하고 그런 다음 이 책에 요약된 다양한 방법을 사용함으로써 자신을 좀 더 냉철한 사고방식을 갖춘 사람으로 돌아오게 할 수 있습니다. 여기에는 마음챙김mindful(불교 수행 전통에서 기원한 심리학적 구성 개념으로 현재 순간을 있는 그대로 수용적인 태도로 자각하는 것), 명상meditation, 호흡하기breathing, 주의분산기법distraction techniques 및 기타 전략들이 해당합니다.

---

1. 당신은 자주 최악을 상상합니까? **예 / 아니오**

2. 이 전략을 자신의 대처 목록에 추가하겠습니까? **예 / 아니오**

#41

주변 사람에게 개방적이고 정직하기

당신은 불안을 인정하고 주변 사람에게 마음을 열어 공개함으로써 더 많은 지지와 도움을 받을 수 있게 자신을 열어 두는 것입니다. 스스로 정신 건강을 공개하기가 쉬운 사람도 있고 그렇지 않은 사람도 있습니다. 공개하기 어려운 이유에는 여러 가지가 있을 수 있습니다. 가까운 사람에게 부담을 주고 싶지 않거나 혹은 자신을 나약하거나 이상하게 볼까 봐 걱정하기 때문입니다. 이렇게 다른 이유가 있을 수도 있겠지만, 꼭 알아야 할 한 가지는 당신이 말한다고 해서 짐이 되지 않는다는 것과 그들에게 당신을 도울 수 있는 권한을 주고 있다는 사실입니다. 또한 당신은 약하거나 이상한 것이 아니며 오히려 강하고 매우 정상입니다. 매년 약 5명 중 1명(또는 그 이상)이 같은 증상을 겪고 있습니다. 불안은 우리에게 갇혀있는 느낌을 줄 수 있지만, 당신이 마음을 연다면 자신의 세계에 갇힌 느낌을 덜 받게 될 것입니다.

---

1. 주변인들에게 자신의 감정을 털어놓았습니까? **예 / 아니오**

2. 답이 '**예**'라면 좋지만 '**아니오**'라면 앞으로 그렇게 하겠습니까? **예 / 아니오**

3. 답이 '**예**'라면 이로써 당신이 불안을 통제하는 데 도움이 되었습니까? **예 / 아니오**

4. 이 전략을 자신의 대처 목록에 추가하겠습니까? **예 / 아니오**

#42
긍정적인 순간 병에 담기

만일 당신이 매일 같이 불안을 느끼며 터널 끝의 빛을 보기 위해 발버둥치는 중이라면 하루 중 긍정적인 순간을 기록하여 병에 담아 두어 보십시오. 하루 중 긍정적인 것을 발견하지 못한다면 며칠 또는 한 주 안에서 찾아보고 천천히 당신의 병을 채워 나가 보십시오. 시간이 흐르면서 특별히 불안을 느끼거나 끔찍한 날을 보낼 때 병을 열어 삶에서 감사할 수 있는 모든 아름다운 일들을 읽고 상기하십시오. 이것은 당신이 공황 상태에서는 도움이 되지 않을 수도 있지만, 불안감으로 인해 우울한 기분이 든다면 분위기를 띄우는 데 도움을 줄 수 있습니다.

---

1. 긍정적인 순간들을 써서 병에 담기 시작했습니까? **예 / 아니오**

2. 일단 병이 채워지고 있다면 긍정적인 순간들을 돌아본 적이 있습니까? **예 / 아니오**

3. 그것들을 읽었을 때 어떤 감정이었습니까?

4. 그것이 기분을 나아지게 했습니까? **예 / 아니오**

5. 이 전략을 자신의 대처 목록에 추가하겠습니까?

#43
정신 건강의 날 만들기

만일 우리가 감기에 걸려 몸살이 나면 대부분 일을 하루 쉽니다. 노로바이러스, 기타 위장 장애나 설사가 있다면 업무를 쉽니다. 그런데 불안감이나 스트레스를 느낄 때는 한계에 부딪힐 때까지 자신을 밀어붙이면서 그 과정에서 감정이 악화되도록 방치하기 일쑤입니다. 일을 계속해 나가는 것은 훌륭하며 누군가에게는 그 자체가 대처 전략이 될 수 있습니다. 하지만 때로는 정신 건강의 날을 가지는 것도 괜찮습니다. 모든 것을 고려해 볼 때 당신이 번 아웃[한 가지 일에 지나치게 몰두하던 사람이 극도의 신체적·정신적 피로로 무기력증·자기혐오 등에 빠지는 증후군] 지경이라면 당신은 삶이나 일에서 최고가 될 수 없습니다. 당신이 원치 않는다면 직장 상사에게 진짜 이유를 말할 필요는 없지만, 바라건대 당신은 그렇게 할 수 있고 그도 그런 당신을 이해할 것입니다. 또한 직장 내 당신이 상담할 수 있는 자격 있는 정신 건강 전문의가 있는지 문의하는 것도 좋습니다. 그렇지 않다면 요즘은 많은 기업이 이 기능을 도입하고 있는 만큼 이 기능을 살펴볼 수 있는지 알아볼 수 있습니다. 이 전략은 자영업자에게는 어려울 수 있으니, 가족이나 친구가 도움을 줄 수 있는지 알아보십시오. 그것이 어렵다면 하루 말고 반나절만 일해 보십시오. 돈은 나가기도 하고 들어오기도 하지만 건강은 무엇보다 우선시할 필요가 있습니다. 자기 자신에게 친절해야 한다는 것을 잊지 마십시오.

1. 나중에 번 아웃 증상을 느낀다면 정신 건강의 날을 만들 예정입니까?
   예 / 아니오

2. 이 전략을 자신의 대처 목록에 추가하겠습니까? **예 / 아니오**

#44

자조서Self-Help Books 읽기

이것은 지금 당신이 하는 것처럼 하는 것입니다. 당신은 이 책을 읽으면서 불안과 그에 대처하는 법을 더 배우는 중입니다. 옛 격언에 있듯이 아는 것은 힘이며, 불안에 대한 책을 읽음으로써 당신은 그 불안의 통제권을 쥐고 있는 것입니다. 시중에는 당신에게 다양한 기술을 가르쳐 줄 수 있는 책들이 많이 나와 있는데 경험이 풍부한 전문가들이 다양한 전문 분야를 심도 있게 다루고 있습니다. 만약 당신이 더 많은 자조서를 찾고 있다면 아마존이나 인터넷 서점에 들어가서 '불안'으로 키워드를 넣고 당신에게 가장 잘 맞는 책을 찾아보십시오.

---

1. 불안에 대한 자조서를 읽어 본 적이 있습니까? **예 / 아니오**

2. 어떤 책을 읽었습니까?

3. 그 책이 불안에 대처하는 데 도움이 되었습니까? **예 / 아니오**

4. 이 전략을 자신의 대처 목록에 추가하겠습니까? **예 / 아니오**

#45

완벽은 없다

우리가 어떻게 보이고 얼마나 재능이 있으며, 은행 계좌에 돈이 얼마나 있는지는 중요하지 않습니다. 모든 점에서 완벽하기란 불가능합니다. 그 점을 생각하면 완벽한 자신을 만들려는 노력을 잠시 쉴 때입니다. 누구에게나 결함이 있지만 특히 그에 관한 영향을 크게 받는 사람들이 있습니다. 자신에게 좀더 친절해지고 나쁜 날이 주어지듯 좋은 날도 허락하십시오. 매일 자신을 채근하지 않더라도 불안은 그 자체로 충분히 힘든 일입니다.

---

1. 완벽한 생활을 하지 못한다고 자주 걱정합니까? **예 / 아니오**

2. 완벽해 보이지 않는다고 자주 걱정합니까? **예 / 아니오**

3. 자신에게 쉼을 주고 몰아세우는 것을 멈춰야 할까요?
   예 / 아니오

4. 자신에게 좀더 친절할 필요가 있습니까? **예 / 아니오**

5. 이 전략을 자신의 대처 목록에 추가하겠습니까? **예 / 아니오**

#46
소소한 일일 목표 세우기

불안이 극심하고 끔찍한 날들이 몇 주, 몇 달로 이어진다면 하루의 작은 승리를 바라볼 타이밍입니다. 우리는 불안감을 불안해하고 부정적으로 느끼는 악순환에 묶이기 쉽습니다. 따라서 하루 중 이 절망의 사슬을 끊을 수 있는 긍정적 순간들을 찾아야 합니다. 이를 위한 한 가지 방안은 스스로 하루의 작은 목표를 설정하는 것입니다. 그것은 일찍 일어나기, 신선한 요리 만들어 먹기, 헬스장 가기, 요가 홈트하기, 청구서 정리하기, 불안이나 그 외 다른 책 읽기를 하는 것입니다. 당신의 감정과 체력에 맞춰 하루에 최소 한 가지 목표를 스스로 세워 주고 활기가 더할수록 추가해 나가십시오. 아침에 그것을 핸드폰이나 종이에 적어서 하나씩 과제를 완수할 때 성취감을 느껴보십시오. 불안감을 느끼는 날일지라도 몸과 마음을 다해 노력하면 무엇이든 이룰 수 있다는 사실을 기억하십시오.

---

1. 스스로 하루의 작은 목표들을 설정하기 시작했습니까?
   예 / 아니오

2. 어떤 목표를 설정했습니까?

3. 그것을 완성했을 때 느낌이 어땠습니까?

4. 이 전략을 자신의 대처 목록에 추가하겠습니까? **예 / 아니오**

#47
자신만의 기술 개발하기

이 책에는 불안을 대처하는 데 도움이 되는 많은 전략과 기술들이 있지만, 스스로 개발한 자신에게 잘 맞는 팁이나 요령도 있을 것입니다. 그렇다면 그런 전략들을 사용하여 불안을 다루는 자신의 힘과 능력을 믿어 보십시오. 그것이 책에 없거나 들어본 적이 없다고 해서 더 잘 알려진 다른 어떤 기술만큼 좋지 않다는 의미는 아닙니다. 자신에게 도움이 되는 것을 하면 됩니다. 당신 배의 선장은 당신이며, 당신은 무엇이 자신에게 도움이 되고 그렇지 않은가를 알고 있습니다. 자기 몸과 마음에 귀를 기울이고 스스로 자신의 전략을 신뢰하십시오.

---

1. 당신에게 잘 듣는 대처 기법을 가지고 있습니까? **예 / 아니오**

2. 그것은 어떤 것입니까?

3. 그것은 당신의 불안을 다루는 데 도움이 됩니까? **예 / 아니오**

4. 그것을 계속 사용할 예정입니까? **예 / 아니오**

5. 이 전략을 자신의 대처 목록에 추가하겠습니까? **예 / 아니오**

#48

계획 세우기

7P라고 들어본 적 있습니까? 적절한Proper 계획Planning과 준비 Preparation는 형편없는Piss Poor 실적Performance을 막는다Prevent. 어떻습니까? 이것은 군대, 사업가, 마케팅 전문가, 코치, 개인 트레이너 등 많은 전문가와 더 나은 자기 모습을 간절히 바라는 사람들이 사용하는 격언입니다. 이것은 불안증이 있는 사람이라면 누구나 생활 가운데 적용해야 할 것이기도 합니다. 이 책을 읽으면서 당신은 불안한 사고나 공황발작이 있을 때 당신을 도와줄 많은 대처 기법과 전략을 배우게 됩니다. 그중 다수는 불안 관리를 위해 하루하루 계획에 넣고 불안이 극심해져서 다시 마음을 다잡아야 할 때 사용할 수 있습니다. 이 책 앞부분에 있는 대처 목록은 계획을 세우는 데 도움이 되겠지만, 실행 여부는 당신에게 달려 있습니다. 매일의 계획은 흡사 다음과 같을 것입니다. 항불안 음식 섭취, 촉발점 피하기, 운동, 의식적으로 잠시 쉬기와 같은 것입니다. 불안이 압도적이라고 느끼거나 공황발작이 있을 때를 위해 다음 계획을 포함할 수 있습니다. 호흡법, 누군가와 대화하기, SNS 끄기 등. 무엇을 하든 먼저 계획을 세우고 불안을 통제하십시오.

---

1. 이 전략을 자신의 대처 목록에 추가하겠습니까? **예 / 아니오**

#49
타임라인 만들기

당신의 인생에서 무슨 일이 일어났든지 간에 무엇인가가 당신을 불안하게 만들었고, 아마 그것이 무엇인지 당신은 알고 있을 것입니다. 그렇지 않나요? 그것은 어쩌면 기념비적인 일일 수도 있고 사소한 일일지도 모릅니다. 아니면 여러 가지 사소한 일들이 한데 모여 하나의 불안 레시피를 만들어 낸 것일지도 모릅니다. 어쨌건 당신의 불안 원인이 어디서 비롯되었는지 파악하려면 타임라인을 만들고 지난 몇 년간 당신에게 일어난 모든 일들을 작성하는 것이 도움이 됩니다. 이것은 불안을 맥락에 넣고 당신이 왜 그렇게 느끼는지 이해하는 데 도움이 됩니다. 또한 당신의 불안을 해결하고 필요할 때 구체적인 도움을 받을 수 있도록 전문가에게 당신의 마음을 터놓는 데도 도움이 됩니다. 종이와 펜을 가지고 당신의 인생에서 일어난 모든 좋은 일과 나쁜 일을 나이순으로 적어 보십시오. 그런 다음 불안이 시작한 곳과 불안의 이유를 찾을 수 있는지 확인해 보십시오. 그것이 큰일이든 작은 일이든 가능한 많은 일들을 적고 그것들을 숙고해 보십시오.

---

1. 당신의 불안한 생각과 감정을 일으킨 순간들을 확인할 수 있었습니까? **예 / 아니오**

2. 이 전략을 자신의 대처 목록에 추가하겠습니까? **예 / 아니오**

#50
지지자들로 자신을 둘러싸기

꽤 알려진 동기 부여 강사 짐 론Jim Rohn은 '당신은 당신 주위에 있는 5명의 평균입니다.'라는 말로 유명합니다. 이것이 사실이든 아니든 이 말은 우리 주변 사람들이 우리의 감정과 사고방식에 반영될 수 있기 때문에 불안증이 있는 이들에게는 염두에 둘 만한 말입니다. 당신 자신을 부정적이고 비협조적인 사람들 가운데 둔다면 이것은 당신의 감정을 부정적이고 비협조적으로 이끌 수 있습니다. 반대로 긍정적이고 협조적인 사람들을 곁에 둔다면 당신의 상황을 좀 더 긍정적으로 느끼고 당신의 필요가 채워지는 느낌을 받을 수 있습니다. 당신이 생각할 때 인생에서 부정적이고 불쾌하며 불안을 일으키는 사람과 관계가 있다면 심각하게 검토할 필요가 있습니다. 그런 사람들이 방식을 바꿀 것 같지 않다면 인생에서 모든 부정적인 것은 제거하고 긍정적이고 지지적인 친구와 가족들과만 앞을 향해 나아가야 합니다.

---

1. 인생에서 부정적이고 비협조적인 사람들이 있었습니까?
   예 / 아니오

2. 그들과 대화하겠습니까? 아니면 그들에게서 떠나가겠습니까?

3. 당신 인생에서 긍정적이고 지지해 주는 사람이 있습니까?
   예 / 아니오

4. 그들에게 더 많은 시간을 할애할 수 있습니까? **예 / 아니오**

5. 이 전략을 자신의 대처 목록에 추가하겠습니까? **예 / 아니오**

#51

걱정 시간, 걱정 없는 시간

이 전략은 두 가지 측면을 가지고 있습니다. 한 면은 걱정할 때, 다른 한 면은 걱정하지 않을 때입니다. 어떤 때가 그럴까요? 걱정할 때는 하루 중 당신의 불안증을 걱정하고 생각하는 특정한 시간을 할당해 놓는 것입니다. 이 전략을 사용하려면 하루 종일 종이나 핸드폰에 걱정거리를 적어 놓은 다음 나중에 특정한 시간에 다시 보는 것입니다. 문제가 발생했을 당시에는 생각하지 말고, 나중에 다시 돌아올 수 있다는 점을 염두에 두고 문제를 관리하십시오. 그것들을 다시 찾을 때는 주의하고 이 책에 소개한 호흡법을 사용하여 편안한 상태인지 먼저 확인하십시오. 이 문제를 해결하는 데 도움이 되는 스마트폰 앱이 있으며, 특히 리치 아웃 닷컴(https://au.reachout.com/)의 WorryTime을 추천합니다. 반대로, 걱정 없는 시간은 자신이 좋아하는 일을 하며 걱정에서 벗어날 수 있는 시간입니다. 약간 집중해야 하지만 좋은 기분과 보상을 받는 느낌을 줍니다. 걱정 없는 활동에는 악기 연주, 수영, 퍼즐 맞추기, 독서, 그림 그리기, 창의력 발휘 등이 포함될 수 있습니다. 불안한 생각에서 벗어나 쉴 수 있도록 하루 중 30분이나 1시간 정도 걱정 없는 시간을 확보하십시오.

---

1. 이 전략을 자신의 대처 목록에 추가하겠습니까? **예 / 아니오**

#52
노출치료

불안으로 인해 어떤 장소나 사람, 상황 또는 특별한 사물을 피한다면 노출치료가 이 문제를 해결하는 데 도움이 될 수 있습니다. 이런 것들을 피하는 것이 단기간에는 안전한 느낌을 주는 데 도움이 되겠지만 더 오랜 시간이 지나면 실제보다 더 위험하다고 여기게 되어 자신감이 떨어지게 됩니다. 만약 하고 싶은 일인데 피하고 있다면 노출치료는 당신을 위한 것입니다. 예를 들어 당신이 기절하거나 죽을 것 같고 정신을 잃을 것만 같아서 대형 쇼핑센터에 가는 것을 두려워하는 것입니다. 당신은 그 일을 전적으로 피하게 될 것이고 부정적인 감정을 갖게 될 것입니다. 그렇다면 감당할 수 있는 목표에서 시작해서 좀 더 도전적인 목표로 나아갈 수 있을 것입니다. 우선은 친구와 함께 쇼핑센터에 가서 주차장에 잠시 머무르기만 하십시오. 그다음 번에는 올라가서 문에 손을 대고 오십시오. 그다음 가장 한가한 시간대에 가서 몇 분 동안 문 안으로 들어가는 것입니다. 그다음 번은 10분 정도 들어가는 식입니다. 공황과 공포로 휩싸이지 않고 그 환경이나 상황에 적응할 수 있을 때까지 강화시켜야 합니다.

---

1. 이 전략을 자신의 대처 목록에 추가하겠습니까? **예 / 아니오**

#53

장기 목표 세우기

불안은 미래에 어떤 일이 일어날지 모르며 일어날 가능성이 있다는 것을 걱정하는 데 초점이 맞추어져 있지만, 우리는 장기적인 목표를 세움으로써 미래를 긍정적으로 바라보아야 합니다. 당신이 비록 가장 낮은 수준에 있을 때라도 인생에서 성취하고 싶은 일들이나 일어났으면 하고 바라는 그 무언가가 있을 것입니다. 그것을 목표로 세우십시오. 겁은 나지만 다시 운전하고 싶은 건가요? 꿈꾸던 집을 사는 것인가요? 실연 후 자신에게 맞는 남편이나 아내를 만나는 것인가요? 실패가 두렵지만 성공적인 사업을 시작하는 것인가요? 두려움에도 불구하고 해외를 여행하고 비행기를 타는 것인가요? 아니면 다른 것이 있나요? 목표가 반드시 불안과 묶일 필요는 없지만, 그렇게 됩니다. 당신의 꿈이 무엇이든 그것을 향해 노력할 수 있는 목표를 세우고 꿈을 믿어 보십시오. 당신이 목표에 집중하는 한 그것을 이루는 데 몇 달, 몇 년 혹은 그 이상이 걸린다고 해도 문제가 되지 않습니다. 목표로 삼을 무언가가 있다는 것은 불안한 삶에 집중할 수 있는 긍정적인 것을 주는 것이며 이를 과소평가해서는 안 됩니다. 당신은 당신이 아는 것보다 강하므로 목표를 세우고 그것이 크건 작건 목표를 향해 노력하며 나아가십시오.

---

1. 장기적인 목표를 세워 본 적이 있습니까? **예 / 아니오**

2. 그것은 무엇입니까?

3. 이 전략을 자신의 대처 목록에 추가하겠습니까? **예 / 아니오**

#54
루틴 갖기

루틴을 갖는 것은 하루를 체계적으로 만들기 때문에 불안을 겪는 이들에게는 도움이 될 수 있습니다. 루틴을 만들 때 당신 기분에 긍정적 영향을 줄 수 있는 것들을 포함해야 합니다. 매일 아침 샤워나 호흡 훈련이 될 수 있습니다. 그런 다음 직장, 집 또는 다른 장소에서 하루 중 몇 차례의 루틴을 위한 휴식 시간을 계획하세요. 이것들은 오전 10시와 오후 3시가 될 수 있고 그때 10분간의 휴식 시간에 눈을 감고 의식적으로 호흡을 하는 것입니다. 하루 중 어느 때에는 운동을 할 수도 있습니다. 이것은 매일 아침, 점심 또는 저녁이 될 수도 있습니다. 걱정 없기 시간 또한 계획에 넣을 수 있고 한 시간 반이나 한 시간을 당신이 즐기는 무언가를 하는 것입니다. 그림, 악기 연주, 음악 감상, 독서, 빵 만들기 등이 있습니다. 특정 시간에는 전화기와 모든 소셜 미디어 앱을 꺼 놓기를 할 수도 있습니다. 시간이 흐르면서 청구서나 집안일이 쌓이지 않도록 정리하는 시간을 따로 지정해 두는 것이 될 수도 있습니다. 루틴의 모습은 개인마다 다르겠지만 불안증에 긍정적인 영향을 주는 것으로 해야 합니다. 열심히 루틴을 따르되 간혹 건너뛰더라도 기분이 나빠지지 않도록 너무 엄격하게 지키지 않도록 하세요.

---

1. 이 전략을 자신의 대처 목록에 추가하겠습니까? **예 / 아니오**

주의 분산

이번 섹션에 소개하는 전략과 팁은 불안한 생각이 극심하고 침투적이라고 생각할 때 사용할 수 있는 주의분산기법distraction techniques을 가르쳐 줄 것입니다. 이 기법은 불안이나 공황발작이 올 것 같다고 느낄 때 사용할 수 있습니다. 이것들은 효과적이지만 순간적인 전략이므로 이 책에 장기간 불안을 다루기 위해 나와 있는 기타 방법들과 함께 사용해야 합니다.

#55
리스트 기억하기

공황발작이 올 것 같고 부정적 사고가 마치 성가신 딱따구리 소리처럼 머리를 쪼아 대는 것 같다면 주의분산기법distraction techniques은 효과가 있을 것입니다. 우선 당신에게 의미 있는 말이나 일의 목록을 기억하고 머릿속으로 되뇌면 부정적 사고를 대체할 수 있습니다. 혹시 좋아하는 스포츠팀이 있습니까? 선수들의 이름을 모두 외우고 머릿속으로 팀원 명을 모두 말해 보십시오. 좋아하는 요리법이 있습니까? 모든 재료와 어떻게 요리를 만들지 꼼꼼히 생각해 보세요. 그것이 무엇이든 간에, 당신이 정말로 좋아하고 생활에 관련된 것으로 하십시오. 숫자, 가족 이름, 친구의 생일 또는 그밖에 다른 것으로도 이 기법을 사용할 수 있습니다. 불안이 아닌 다른 것들에 주의를 집중함으로써 불안한 생각을 끊고 스스로 진정시키는 과정입니다. 만일 종이에 목록을 적는 게 쉽다면 그렇게 할 수 있으며 손에도 할 일이 주어집니다.

이번 섹션을 마치기 전에 이 전략을 최소 3번 이상 시도해 보십시오.

1. 이 전략이 불안한 생각에서 주의를 전환하는 데 도움이 되었습니까? **예 / 아니오**

2. 이 전략을 자신의 대처 목록에 추가하겠습니까? **예 / 아니오**

#56
행복한 순간 그려보기

아마도 이것은 치료사가 당신을 쇼파에 눕게 한 후 하는 것으로 생각할 수 있습니다. 그러니 그렇게 해 보세요. 만약 불안이나 스트레스를 받는다면 눈을 감고 인생에서 행복한 순간을 그려보세요. 즐거웠던 때를 생각해 보고 생각하는 동안은 미소를 지으세요. 부정적인 생각을 행복하고 긍정적인 생각으로 바꿔 보세요. 머릿속으로 행복한 순간을 그리려고 애를 써야 한다면, 당신의 인생에서 행복한 순간을 떠오르게 하는 사진을 보십시오. 당신에게 좋은 일이 일어난다는 것을 기억하십시오. 이 전략과 함께 호흡법을 사용하면 더욱 편안함을 느낄 수 있습니다.

이번 섹션을 마치기 전에 이 전략을 최소 3번 이상 시도해 보십시오.

1. 이 전략이 불안한 생각에서 주의를 전환하는 데 도움이 되었습니까? **예 / 아니오**

2. 행복한 장소, 추억을 떠올리거나 사진을 이용했습니까?

3. 무슨 생각을 하고 어떤 사진을 보았습니까?

4. 이 전략을 자신의 대처 목록에 추가하겠습니까? **예 / 아니오**

#57

주변 돌아보기

불안한 생각을 떨칠 수 없거나 공황발작이 올 것처럼 느낀다면 주변의 것들에 집중해 보십시오. 커져만가는 걱정스럽고 초조한 생각 대신 보이는 사실들로 바꿔 보십시오. 예를 들어 나는 벽에 그림을 봅니다. 그림은 네모나고 그 안에는 태양이 있습니다. 태양 아래에는 바다입니다. 바다는 파랗고 파도는 모래사장 위로 밀려옵니다. 이런 주의를 분산하는 기술은 부정적인 감정을 주변 사실들과 맞바꾸도록 도와줍니다. 좀 더 편안한 느낌을 가지려면 호흡법과 연결 해 보십시오. 집중할 무언가를 찾는 데 어려움을 겪는다면 이 책에 쓴 주의를 분산하는 다른 기술을 시도해 보십시오.

이번 섹션을 마치기 전에 이 전략을 최소 3번 이상 시도해 보십시오.

1. 이 전략이 불안한 생각에서 주의를 전환하는 데 도움이 되었습니까? **예 / 아니오**

2. 이 전략은 불안을 더는 데 도움이 되었습니까? **예 / 아니오**

3. 이것이 공황발작을 막는 데 도움이 되었습니까? **예 / 아니오**

4. 이 전략을 자신의 대처 목록에 추가하겠습니까? **예 / 아니오**

#58

마법의 지팡이

부정적인 생각들이 머리에 떠오를 때는 그것을 뽑아 버릴 수 있는 마법 지팡이가 있다고 상상해 보십시오. 그런 다음 마법 지팡이를 휘두르면서 "없어져라!"라고 말하면서 공중으로 날려 버리십시오. 이렇게 함으로써 당신은 생각을 다스리고 부정적인 것들을 버리는 것입니다. 만약 주변 사람들 때문에 실제 행동하는 것이 꺼려지거나 바보같이 느낀다면 대신 그렇게 행동한다고 상상해 보십시오.

이번 섹션을 마치기 전에 이 전략을 최소 3번 이상 시도해 보십시오.

1. 이 전략이 불안한 사고에서 주의를 전환하는 데 도움이 되었습니까? **예 / 아니오**

2. 이 전략은 불안감을 더는 데 도움이 되었습니까? **예 / 아니오**

3. 이것이 공황발작을 막는 데 도움이 되었습니까? **예 / 아니오**

4. 이 전략을 자신의 대처 목록에 추가하겠습니까? **예 / 아니오**

#59

제 자리에서 발 구르기

이상하게 들리겠지만 해 보십시오. 아마 미친 사람 같이 느껴질 것입니다. 하지만 잠시 발을 구르는 것이 스트레스 호르몬과 체내에 쌓인 불안을 해소해 준다는 연구 결과가 있습니다. 이렇게 혼자서 집이나 직장 내 화장실에서도 하고 싶을 때 한번 시도해 보십시오. 친구와 함께하거나 불안 또는 공황발작을 겪는 누군가를 도움으로써 해 볼 수 있습니다. 발을 구를 때 다른 주의 분산 기술과 연결하면 생각을 전환하고 불안한 감정을 완전히 무시할 수 있게 됩니다. 뭘 망설이고 계십니까? 발을 굴러 보세요.

이번 섹션을 마치기 전에 이 전략을 최소 3번 이상 시도해 보십시오.

1. 불안할 때 제자리에서 발 구르기를 한 적이 있습니까?
   예 / 아니오

2. 그것은 스트레스와 불안을 해소하는 데 도움이 되었습니까?
   예 / 아니오

3. 이 전략은 불안감을 덜어 주는 데 도움이 되었습니까?
   예 / 아니오

4. 이 전략을 자신의 대처 목록에 추가하겠습니까?

#60
볼 수 있는 5가지

불안이 극도로 심해지거나 불안 발작이 있을 때 많은 사람은 54321 방법으로 성공을 거뒀습니다. 이 방법은 주의를 분산하는 기술이며, 불안 말고 다른 일에 주의를 돌리는 작업입니다. 이 방법을 행할 때는 "그림, 벽, TV, 펜, 나무가 보인다."와 같이 다섯 가지 보이는 것들을 우선 생각하거나 말합니다. 그다음은 만질 수 있는 것 네 가지, 반지, 핸드폰, 머리카락, 청바지. 그다음 들을 수 있는 세 가지, 음악, 말소리, TV. 그다음은 냄새나는 두 가지로 향수나 냉장고 속 음식이 있습니다. 그다음은 입으로 맛볼 수 있는 한 가지로 점심때 먹은 음식이나 침 같은 것입니다. 만약 듣거나 냄새를 맡거나 맛볼 수 없다면 다음 단계로 넘어가서 불안이 진정될 때까지 이 방법을 반복하십시오. 이 기법을 사용할 때는 불안감을 분산하는 데 도움이 되는 것을 찾아 주변을 걸어 다닐 수 있습니다.

이번 섹션을 마치기 전에 이 전략을 최소 3번 이상 시도해 보십시오.

1. 이 전략이 불안한 사고에서 주의를 전환하는 데 도움이 되었습니까? **예 / 아니오**

2. 주의를 전환하는 것을 찾거나 생각했습니까? **예 / 아니오**

3. 이 전략을 자신의 대처 목록에 추가하겠습니까? **예 / 아니오**

#61
숫자 세기

숫자를 세는 것은 불안한 마음과 침투적 사고에서 주의를 돌릴 수 있게 해 줍니다. 불안이 쌓이는 느낌이 들면 심호흡하고 천천히 50까지 세면서 불안한 생각의 패턴을 끊어야 합니다. 일단 50까지 세고 나면 50부터 1까지 거꾸로 세고, 다시 1부터 50까지, 다시 50부터 1까지 세면서 불안감이 가라앉을 때까지 합니다.

이번 섹션을 마치기 전에 이 전략을 최소 3번 이상 시도해 보십시오.

1. 이 전략이 불안한 사고에서 주의를 전환하는 데 도움이 되었습니까? **예 / 아니오**

2. 숫자를 세는 동안 심호흡을 했습니까? **예 / 아니오**

3. 이 전략은 불안감을 덜어 주는 데 도움이 되었습니까? **예 / 아니오**

4. 공황발작을 막는 데 도움이 되었습니까? **예 / 아니오**

5. 이 전략을 자신의 대처 목록에 추가하겠습니까? **예 / 아니오**

#62

시 배우기

시를 배우거나 읽는 것은 시 안에 있는 단어들을 생각함으로써 주의를 전환해 주기 때문에 마음을 진정시키는 효과가 있습니다. 긍정적이거나 재미있거나 차분한 시 또는 이러한 감정들을 표현하는 시를 골라, 시가 당신에게 제대로 영향을 줄 수 있도록 합니다. 불안감이 극도로 치닫는다면 불안감으로부터 주의를 돌릴 수 있도록 시를 읽거나 암송해 보십시오. 편안한 느낌이 들거나 혼자라면 크게 하세요. 공공장소에 있거나 크게 말하고 싶지 않은 장소에 있다면 속으로 외워 보십시오. 아는 시가 없다면 인터넷에 즐겨 읽을 수 있는 시들이 많이 있습니다. 당신에게 감동을 주는 시를 찾아서 필요할 때 도움이 되도록 사용하십시오.

이번 섹션을 마치기 전에 이 전략을 최소 3번 이상 시도해 보십시오.

1. 긍정적이거나 재미있거나 차분한 시 또는 이러한 감정들을 표현하는 시를 찾아본 적이 있습니까? **예 / 아니오**

2. 시를 읽거나 암송하는 것이 불안감을 덜어 주는 데 도움이 되었습니까? **예 / 아니오**

3. 이 전략을 자신의 대처 목록에 추가하겠습니까? **예 / 아니오**

#63

큰 소리로 또는 머릿속으로 노래 부르기

아침에 일어나자마자 혹은 머릿속으로 침투하려는 불안한 생각이 들면 그 즉시 당신이 좋아하고 좋은 느낌을 주는 긍정적인 노래를 부르십시오. 당신이 부르는 노래는 어떤 부정적인 생각도 극복할 수 있도록 도와주고 '행복하다.' '기분이 좋다.' '강하다.' 등 긍정적이고 낙관적인 단어나 확실한 말로 대체할 것입니다. 여기에 잘 맞는 노래로는 제임스 브라운James Brown의 '나는 기분 좋아I feel good' 나 니나 시몬Nina Simone의 '기분이 좋다Feeling good'가 있으며 그외 다른 곡들도 수없이 많습니다. 그러니 이런 곡이나, 당신에게 잘 맞고 좋아하는 노래를 찾아 불러 보십시오.

이번 섹션을 마치기 전에 이 전략을 최소 3번 이상 시도해 보십시오.

1. 불안한 생각이 밀려올 때 부를 노래를 골라 본 적이 있습니까?
   예 / 아니오

2. 어떤 노래를 골랐습니까?

3. 그 노래를 부르는 것이 불안감에서 주의를 전환하는 데 도움이 되었습니까? **예 / 아니오**

4. 이 전략이 불안감을 더는 데 도움이 되었습니까? **예 / 아니오**

5. 이것이 공황발작이 오는 것을 피하게 해 주었습니까?

예 / 아니오

6. 이 전략을 자신의 대처 목록에 추가하겠습니까? **예 / 아니오**

#64

스트레스 볼 그리고 피젯 스피너 장난감

손장난하는 자신을 발견합니까? 책상에서 펜을 두드립니까? 머리를 빙빙 돌리나요? 발을 동동 구르거나 그냥 대체로 가만있지 못합니까? 그렇다면 피젯 스피너나 스트레스 볼 또는 장난감이 당신에게 딱 맞을 수 있습니다. 꼼지락거리거나 만지작거리는 것은 스트레스를 받거나 지루하고 집중력이 떨어질 때 나타나는 자연스러운 신체 반응 중 하나입니다. 이런 장난감을 사용함으로써 힘들이지 않고 긴장을 풀 수 있는 쪽으로 주의를 돌리게 해 줍니다. ADHD와 자폐를 가진 이들을 돕는 목적으로 사용되는데 불안과 공황 상태에 대처하려는 이들에게도 유용한 도구가 됩니다. 연구에 따르면 이런 스트레스 완화제를 가지고 노는 것만으로도 불안감을 최대 20%까지 줄여줄 수 있다고 합니다.

이번 섹션을 마치기 전에 이 전략을 최소 3번 이상 시도해 보십시오.

1. 불안감을 느끼고 안절부절못할 때 이 제품을 사용해 본 적이 있습니까? **예 / 아니오**

2. 불안감을 덜고 집중하는 데 도움이 되었습니까? **예 / 아니오**

3. 이 전략을 자신의 대처 목록에 추가하겠습니까? **예 / 아니오**

#65

실리 퍼티 가지고 놀기

피젯 스피너와 스트레스 볼을 가지고 노는 것이 불안증 완화에 도움을 주는 것처럼 실리 퍼티Silly Putty[점탄성을 가진 비뉴턴 유체 형태의 규소 고분자 장난감이다. 폴리다이메틸실록세인polydimethylsiloxane 성분이 있어서 재밌는 성질을 가진다.]를 가지고 노는 것도 도움이 됩니다. 손가락으로 실리 퍼티를 주무를 때, 불안에서 벗어나 손으로 하는 일에 집중하게 됩니다. 이 명상 활동은 긴장을 완화하고 불안감을 낮춰줍니다. 평온함을 더하고 싶다면 실리 퍼티에 라벤더 오일을 뿌려서 가지고 놀면서 그 향기를 맡아보세요.

이번 섹션을 마치기 전에 이 전략을 최소 3번 이상 시도해 보십시오.

1. 불안감을 느낄 때 실리 퍼티를 가지고 놀아 본 적이 있습니까?
   예 / 아니오

2. 이 전략이 불안한 사고에서 마음을 딴 데로 돌리는 데 도움이 되었습니까? **예 / 아니오**

3. 라벤더 오일을 실리 퍼티에 뿌렸습니까? **예 / 아니오**

4. 이 전략을 자신의 대처 목록에 추가하겠습니까? **예 / 아니오**

#66
단어 거꾸로 말하기

불안을 느낄 때 시도할 수 있는 또 다른 주의 분산 기술은 단어를 거꾸로 말하기입니다. 이 기술은 철자에 집중하도록 하여 불안과 침투적 사고에서 주의를 딴 데로 돌리게 합니다. 우선 단어부터 시작해서 당신이 원하는 글자를 찾아야 할 수도 있습니다. 그러나 시간이 지나면 거꾸로 말하는 것이 능숙해질 것입니다. 그러므로 다음번에 불안감이 쌓이거나 공황발작이 시작되는 느낌이면 재집중하고 자신을 진정시키는 데 이 기술을 사용하도록 하십시오.

이번 섹션을 마치기 전에 이 전략을 최소 3번 이상 시도해 보십시오.

1. 이 전략이 불안한 사고에서 마음을 딴 데로 돌리는 데 도움이 되었습니까? **예 / 아니오**

2. 이 전략이 불안감을 줄이는 데 도움이 되었습니까? **예 / 아니오**

3. 이 전략이 공황발작을 막는 데 도움이 되었습니까? **예 / 아니오**

4. 이 전략을 자신의 대처 목록에 추가하겠습니까? **예 / 아니오**

#67
그냥 뭐라도 하세요 / 2분 규칙

불안하거나 공황발작이 오는 느낌이라면 그냥 가만히 앉아서 그 일이 벌어지게 하지 마십시오. 무언가를 하십시오. 어떤 일이든 하십시오. 통제하십시오. 그것이 호흡법 연습이든, 이 책을 집어 들고 몇 가지 팁을 살펴보는 것이든, 주의 분산 기술을 사용하는 것이든, 찬물에 손을 담그고 손목을 움직이는 것이든, 상황에서 벗어나든, 누워서 눈을 감거나 다른 그 어떤 일을 하든 말입니다. 그냥 무언가를 하십시오. 불안이 당신을 지배하는 것이 아니라 당신이 불안을 지배하십시오. 통제권을 되찾는 여정이므로 피곤할 수 있으나 연습은 완벽을 낳습니다. 이것을 하는 훌륭한 방법은 2분 규칙을 따르는 것입니다. 핵심은 무언가를 걱정하는 데 소비하는 최대 시간에 초점을 맞춥니다. 무언가를 걱정한 지 2분이 지났다는 생각이 들면 일어나서 그 생각에서 주의를 딴 데로 돌리기 위해 무슨 일인가를 해야 합니다. 정확하게 시간을 잴 필요는 없지만 너무 오랫동안 고민하면서 앉아 있거나 서 있다고 느낀다면 이 책에 있는 전략 중 하나를 사용하거나 그 밖의 방법으로 사고 과정을 전환해야 합니다. 너무 오랜 시간 불안한 생각에 집중하는 것은 정신건강에 좋지 않습니다. 따라서 이때 반드시 인식하고 2분 규칙을 시행해 보십시오.

---

1. 이 전략을 자신의 대처 목록에 추가하겠습니까? **예 / 아니오**

#68

벽 세우기

불안한 생각이 머리에 떠오를 때 그 무엇도 뚫지 못하는 마음속 상상의 벽을 세워 보십시오. 부정적인 생각이 들어올 때 마치 축구공이 벽돌로 된 벽에서 튕겨 나가듯이 부정적인 생각들이 당신의 견고한 벽에서 튕겨 나가게 하십시오. 처음은 상상하는 것이 어려울지 모르지만, 연습으로 숙달할 수 있어야 합니다. 일단 마음에 들어오는 생각을 차단했다면 무언가 다른 일에 주의를 집중하도록 해 보십시오. 누군가에게 말을 걸거나 스마트폰을 가지고 놀거나 그림을 그리는 등 다른 것들을 할 수 있을 것입니다.

---

1. 머릿속으로 상상의 벽을 세울 수 있었습니까? **예 / 아니오**

2. 1번의 답이 '**예**'라면 이 전략이 불안한 생각에서 마음을 딴 데로 돌리는 데 도움이 되었습니까? **예 / 아니오**

3. 이 전략이 불안감을 해소하는 데 도움이 되었습니까?
   예 / 아니오

4. 공황발작을 막는 데 도움이 되었습니까? **예 / 아니오**

5. 이 전략을 당신의 대처 목록에 추가하겠습니까? **예 / 아니오**

#69

냉수 요법

얼굴에 천천히 찬물을 끼얹는다거나 손목에 찬물을 흘리는 것은 불안감이 쌓일 때나 불안 발작이 있을 때 불안감을 덜어 줄 수 있습니다. 불안이 극심할 때 심박과 체온이 올라갈 수 있는데 찬물이 심박수와 체온을 낮추는 데 도움이 되기 때문입니다. 몸을 시원하게 함으로써 불안 수준을 안정시키는 데 도움이 됩니다. 또한 냉수를 한 잔 마시거나 차갑게 젖은 수건을 목덜미에 대어 볼 수도 있습니다.

---

1. 찬물을 얼굴에 천천히 끼얹어보았습니까? **예 / 아니오**

2. 손목에 찬물을 흘려보았습니까? **예 / 아니오**

3. 이 전략 중 불안감을 더는 데 도움이 되었던 것이 있습니까?
   예 / 아니오

4. 그것은 공황발작을 피하도록 도와주었습니까? **예 / 아니오**

5. 이 전략을 당신의 대처 목록에 추가하겠습니까? **예 / 아니오**

편히 쉼

이번 섹션에 나오는 전략과 팁은 불안과 그 증상 그리고 불안감을 관리하는 데 도움이 될 만 한 휴식 요법을 가르쳐 줄 것입니다.

#70
478 호흡법

효과적인 호흡 기법을 배우는 것은 정신 건강에 중요하고 긍정적인 영향을 줄 수 있습니다. 그중 한 가지는 478 호흡법입니다. 이 전략은 배우기 쉽고 호흡을 조절하여 차분한 기분을 느끼며 긴장을 완화하는 데 도움이 됩니다. 불안감을 느끼거나 공황발작이 올 때 급하게 뛰는 심장을 가라앉히는 데 도움이 됩니다. 이 전략을 시도하려면 4초 동안 코로 숨을 들이쉬고 7초 동안 숨을 참은 후 8초 동안 힘껏 숨을 내쉽니다. 이 기법을 4번 반복하거나 마음이 평온해지고 공황 상태가 가라앉을 때까지 계속합니다. 이 호흡법을 할 때 눈을 감을 수 있다면 강력한 시각 감각을 차단할 수 있기 때문에 긴장을 푸는 기회를 늘릴 수 있습니다. 이 기법의 매력은 언제 어디서든 할 수 있다는 것입니다. 가능하다면 편안한 음악을 들으며 이 호흡법을 하면 효과를 높일 수 있습니다.

---

1. 이 전략이 편안함을 느끼고 불안감을 줄이는 데 도움이
   되었습니까? **예 / 아니오**

2. 이 전략을 당신의 대처 목록에 추가하겠습니까? **예 / 아니오**

#71
편안한 음악 감상

편안한 음악을 들으면 최대 65%까지 불안을 감소시켜 준다는 연구 결과가 있으므로 하루 중 시간을 내어 편안한 음악을 감상하십시오. 불안하거고 스트레스를 받으면 초조하고 긴장하게 됩니다. 감사하게도 음악은 몸과 마음을 편안하게 하고 불안한 감정을 진정시키는 데 도움이 됩니다. 집이나 차 또는 핸드폰에 편안한 음악 CD나 재생 목록을 준비해 두었다가 틈날 때마다 들으세요. 유튜브나 기타 실시간 음악 방송 사이트에서 편안한 음악을 찾을 수 있고 장르는 클래식, 불안 해소 음악, 월드 뮤직 등이 있습니다. 출퇴근 길에 들으며 스트레스를 풀거나 목욕할 때, 소파에서 쉴 때 또는 일상생활 중에 들을 수 있습니다.

---

1. 이 전략이 편안함을 느끼는 데 도움이 되었습니까? **예 / 아니오**

2. 이 전략이 불안감을 줄이는 데 도움이 되었습니까? **예 / 아니오**

3. 어떤 종류의 편안한 음악을 들었습니까? **예 / 아니오**

4. 이 전략을 자신의 대처 목록에 추가하겠습니까? **예 / 아니오**

#72
하루 중 휴식 순간 찾기

현대를 살아가는 많은 사람의 삶은 매우 심한 압박감에 시달리며 마음은 늘 분주합니다. 그것이 경제적 압박이든, 일, 가족, 친구, 배우자, 직장 동료 또는 다른 것으로부터 오든 압박은 어디에나 존재합니다. 이것은 우리가 불안감을 느끼는 정도에 모두 영향을 줄 수 있습니다. 이 점을 염두에 두고 가능한 몸과 마음을 편안하게 하는 시간을 찾아야만 합니다. 이렇게 할 수 있는 다양한 방법이 있는데 하루 중 자신에게 줄 수 있는 시간이 얼마나 되느냐에 따라 달라집니다. 방해받지 않고 침대나 소파에 누워 있을 수 있다면 그렇게 하십시오. 항상 분주하다면 휴식을 취할 시간을 현명하게 찾을 필요가 있습니다. 화장실에서 핸드폰을 사용하는 대신 잠시 눈을 감고 의식적으로 호흡을 하십시오. 만일 출근 중이라면 편안한 음악을 들으십시오. 집에 있다면 핸드폰이나 TV를 끄고 몇 분 동안 눈을 감고 단지 정적을 즐겨 보십시오. 이런 시간은 즉흥적으로 가질 수도 있고 미리 하루 계획에 넣을 수도 있습니다. 반신욕이나 요가 등 다른 방법이 될 수도 있습니다. 그것이 무엇이 되었든 이 순간은 몸이 재충전하고 압박받는 생활에서 꼭 필요한 휴식의 시간을 제공해 줄 것입니다.

---

1. 이 전략을 자신의 대처 목록에 추가하겠습니까? **예 / 아니오**

#73

명상

명상은 혼에 유익하고 불안과 싸우는 데 좋습니다. 1분을 하든지 1시간 또는 그 이상을 하든지 명상은 계속 이어지는 불안한 생각의 고리를 끊는 데 도움이 됩니다. 그것은 일상 중 고요한 시간과 휴식을 제공해 주며 자신의 감정과 더 잘 소통할 수 있게 합니다. 이는 불안의 근본 원인을 해결하는 데 도움이 됩니다. 명상의 묘미는 언제 어디서든 할 수 있으며, 명상에 문외한이라도 온라인에서 많은 유용한 정보를 얻을 수 있다는 것입니다. 또한 유튜브에는 다양한 명상법을 지도해 줄 영상 자료도 많습니다. 당신이 즐길 수 있고 자신에게 잘 맞는 것을 찾을 때까지 몇 개를 골라 시청하십시오. 더욱이 이 책에는 명상에 도움이 되는 다양한 호흡 기법도 소개되어 있습니다. 어떻게 명상하든 명상을 통해 얻을 수 있는 웰빙 효과는 내면의 선(禪)에 집중할 가치가 충분합니다.

이번 섹션을 마치기 전에 이 전략을 최소 3번 이상 시도해 보십시오.

1. 이 전략이 편안함을 느끼는 데 도움이 되었습니까? **예 / 아니오**

2. 이 전략이 불안감을 줄이는 데 도움이 되었습니까? **예 / 아니오**

3. 유튜브 영상을 따라 했습니까? 그렇다면 어떤 영상이었습니까?

4. 이 전략을 자신의 대처 목록에 추가하겠습니까? **예 / 아니오**

#74
눈을 감고 누워 있기

불안이 극심해지거나 공황발작이 오는 느낌이라면 때로 최선의 방법은 단지 눈을 감고 잠시 누울 장소를 찾는 것입니다. 이것은 순간의 평온을 스스로 허락해 주고 압도하는 시각적 감각을 제거함으로써 불안이 진정되도록 하는 과정입니다. 긴장을 더 풀려면 이 책에 소개한 호흡 전략이나 자신에게 잘 맞는 다른 기법의 하나를 함께 사용해 볼 수 있습니다. 혹시 일하는 중이거나 차에 있거나 다른 장소에 있어서 누울 수 없는 상태입니까? 그렇다면 가장 가까운 화장실로 이동하여 앉아서 눈을 감고 잠시 평온을 찾기라도 해 보십시오. 이 작은 회복의 순간은 필요할 때마다 하루를 살아가는 데 도움이 될 것입니다.

이번 섹션을 마치기 전에 이 전략을 최소 3번 이상 시도해 보십시오.

1. 이 전략이 편안함을 느끼는 데 도움이 되었습니까? **예 / 아니오**

2. 이 전략이 불안감을 줄이는 데 도움이 되었습니까? **예 / 아니오**

3. 이 전략을 자신의 대처 목록에 추가하겠습니까? **예 / 아니오**

#75
스트레칭하기

불안감이 있다면 한 부위씩 몸을 스트레칭하여 이완시켜 보십시오. 일어나서 머리를 좌우, 앞뒤로 움직이는 동작부터 시작하여 머리부터 발끝까지 내려가면서 각 동작을 5초간 유지합니다. 그다음 어깨를 뒤로 다섯 번, 앞으로 다섯 번 돌립니다. 그런 다음 팔을 활짝 뻗었다가 다시 안으로 5회 반복합니다. 다음으로 엉덩이를 한 방향으로 돌린 다음 반대 방향으로 돌리는 동작을 각각 5회씩 반복합니다. 그다음 다리를 쭉 뻗어 바닥이나 최대한 바닥 가까이 닿게 하여 5초간 유지합니다. 이어서 5초 동안 발가락을 꽉 쥐었다가 놓습니다. 이 과정을 5회 반복합니다. 이들 신체 부위를 긴장시켰다가 풀어주면 긴장감을 느끼게 만드는 내재한 불안을 줄이는 데 도움이 됩니다. 여기 소개된 것보다 더 익숙한 스트레칭들을 자유롭게 이 활동에 포함해 보십시오. 스트레칭이 익숙하지 않다면 온라인에서 이 활동을 최대한 활용하는 데 도움이 되는 더 많은 정보를 얻을 수 있습니다. 하루를 시작하는 매일 아침이나 매일 저녁 잠자리에 들기 전 긴장 완화를 위해 스트레칭을 해 보십시오.

---

1. 이 전략이 편안함을 느끼고 불안감을 줄이는 데 도움이 되었습니까? **예 / 아니오**

2. 이 전략을 자신의 대처 목록에 추가하겠습니까? **예 / 아니오**

#76
누군가 안아주기

우리가 모쪼록 해야 할 일은 더 많이 안아주는 것입니다. 누군가를 20초만 안아주어도 우리 몸에서 옥시토신oxytocin[펩타이드성 호르몬으로 인간의 감정을 조절하고 자궁수축과 성관계를 조절하는 것으로 알려져 있다. 동물학백과사전]이라 불리는 호르몬이 분비된다는 연구 결과가 있습니다. 이 '포옹 호르몬'은 혈압을 낮추고 심장수를 늦추며 기분을 개선해 준다고도 알려져 있습니다. 따라서 기분이 우울하거나 불안증이나 공황발작이 있을 때는 끌어안기를 할 타이밍일 것입니다. 다행히 누군가 안아 줄 사람이 있다면 매일 최소한 20초 동안은 껴안아 주십시오. 껴안기Free hugs 해 본 적 있으신가요?

---

1. 이 전략이 편안함을 느끼는 데 도움이 되었습니까? **예 / 아니오**

2. 이 전략이 불안감을 줄이는 데 도움이 되었습니까? **예 / 아니오**

3. 그것이 공황발작을 막는 데 도움이 되었습니까? **예 / 아니오**

4. 이 전략을 자신의 대처 목록에 추가하겠습니까? **예 / 아니오**

#77

비눗방울 불기

어린애 장난 같은 소리로 들릴지 모르겠습니다. 글쎄요, 그렇기도 합니다. 하지만 비눗방울을 천천히 불면, 호흡을 조절하면서 불안한 생각이 아니라 비눗방울 불기에 집중하므로 스트레스와 불안을 완화하는 데 도움이 됩니다. 불안을 느낄 때 좋은 방법의 하나는 호흡에 집중하는 것입니다. 비눗방울을 불 때 우리는 자신도 모르게 그 일을 하는 것입니다. 비눗방울을 만들려고 할 때 우리는 숨을 깊게 들이마신 다음 천천히 내 쉽니다. 그러면서 불안하고 침투적인 생각들이 아닌 비눗방울 만들기에 집중하게 됩니다. 공기 중에 비눗방울을 띄우고 부드럽게 치는 것을 즐기게 되는데 그 자체가 휴식이 될 수 있습니다. 이 모든 것을 생각해 보면 이해가 될 겁니다. 비눗방울 불기는 실내에서도 할 수 있고 날이 좋을 때는 밖에 나가서 비타민 D를 섭취하며 비눗방울이 공중에 떠다니는 모습을 보십시오. 무엇을 망설이십니까? 아마존으로 가서 비눗방울을 주문하고 놀이를 즐기세요.

---

1. 이 전략이 편안함을 느끼는 데 도움이 되었습니까? **예 / 아니오**

2. 이 전략이 불안감을 줄이는 데 도움이 되었습니까? **예 / 아니오**

3. 이 전략을 자신의 대처 목록에 추가하겠습니까? **예 / 아니오**

#78
컬러링북 사용하기

성인을 위한 컬러링북이 최근 몇 년 간 큰 인기를 끌면서 컬러링 북 사용이 정신 건강에 미치는 유익이 다양하다는 연구 결과가 밝혀졌습니다. 색칠할 때 사용하는 집중력은 명상 상태를 유도하고 우울과 불안 증상을 줄이는 데 도움이 된다고 합니다. 또한 그것이 마음챙김을 높여 준다고 합니다. 따라서 현재 불안하다고 느끼거나 다음번에 그런 느낌이 든다면 잠시 시간을 내어 컬러링북과 크레용을 꺼내어 색칠하며 하루를 보내십시오.

이번 섹션을 마치기 전에 이 전략을 최소 3번 이상 시도해 보십시오.

1. 이 전략이 편안함을 느끼는 데 도움이 되었습니까? **예 / 아니오**

2. 이 전략이 불안감을 줄이는 데 도움이 되었습니까? **예 / 아니오**

3. 그것이 공황발작을 막는 데 도움이 되었습니까? **예 / 아니오**

4. 이 전략을 자신의 대처 목록에 추가하겠습니까? **예 / 아니오**

#79

퍼즐 또는 스도쿠 하기

퍼즐과 스도쿠 같은 게임을 완성하는 것이 정신 건강에 긍정적인 영향을 주고 불안감을 낮춰 준다는 연구 결과가 있습니다. 이런 게임을 마칠 때 우리가 마치 무언가 성취한 느낌을 받게 되고 보상으로 여긴다고 합니다. 이로써 일상에 스며들 수 있는 부정적인 감정과 싸울 수 있게 됩니다. 이러한 퍼즐은 스트레스로 가득한 하루를 보내는 가운데서 소소한 승리를 맛볼 뿐만 아니라, 뇌의 기능을 개선하고 유지하는 데 도움이 되기도 합니다. 그러므로 버스나 화장실, 소파 등 어디에서나 퍼즐과 스도쿠를 꺼내 일상 속 작은 승리를 맛볼 수 있도록 하루 중 잠시 시간을 내는 것은 충분히 가치가 있을 것으로 보입니다.

이번 섹션을 마치기 전에 이 전략을 최소 3번 이상 시도해 보십시오.

1. 이 전략이 편안함을 느끼는 데 도움이 되었습니까? **예 / 아니오**

2. 이 전략이 불안감을 줄이는 데 도움이 되었습니까? **예 / 아니오**

3. 이 전략을 자신의 대처 목록에 추가하겠습니까? **예 / 아니오**

#80

기력을 회복하는 낮잠

이미 당신이 알고 있듯이, 연구에 따르면 충분히 자지 않으면 정신 건강에 해롭고 불안과 혼란, 피로감을 일으킨다고 합니다. 하룻밤만 잘 못 자도 우리가 느끼는 방식에 악영향을 줄 수 있고 며칠 밤을 잘 못 자면 반드시 고통이 쌓이게 됩니다. 불면증이나 업무, 육아 또는 다른 이유로 권장 수면 시간 7~8시간을 자는 데 어려움을 겪고 있다면 낮에 낮잠을 자도록 노력해 보세요. 말처럼 쉽지 않은 일이지만, 20분만 깊은 낮잠을 자도 기분이 나아지고 수행 능력, 주의력 향상에 도움이 된다는 연구 결과가 있습니다. 따라서 다음에 누군가 당신을 게으르다고 하거나 한낮에 왜 눈을 감고 있는지 묻는다면 그것이 당신의 정신 건강을 위한 것이며 건강을 지키는 것보다 더 중요한 일은 없다는 것을 알려 주십시오. 너무 늦게 낮잠을 자서 야간 수면 패턴에 영향을 미치지 않도록 주의하십시오.

---

1. 밤에 충분히 자고 있습니까? **예 / 아니오**

2. 기력을 회복하는 20분의 낮잠을 자려고 해 본 적이 있습니까? **예 / 아니오**

3. 이 전략이 불안감을 줄이는 데 도움이 되었습니까? **예 / 아니오**

4. 이 전략을 자신의 대처 목록에 추가하겠습니까? **예 / 아니오**

#81
애완동물과 놀기

동물을 곁에 두는 것이 정신 건강에 좋은 영향을 줄 수 있다는 연구 결과가 있습니다. 애완동물은 우리의 기분을 나아지게 할 뿐 아니라 스트레스와 불안, 고립감을 낮춰 줍니다. 만약 애완동물을 기르고 있다면 쓰다듬고 안아주며 시간을 보내는 것이 포옹 호르몬으로 알려진 옥시토신 수치를 높여 줄 수 있습니다. 이것은 코르티솔과 통증 수치를 감소시키면서 사랑과 휴식의 감정을 촉진합니다. 게다가 견주는 애완견과 함께 산책하면서 운동 효과와 야외에서 자연과 함께할 기회를 얻게 되므로, 이것은 불안감 해소에 긍정적인 영향을 미칩니다. 따라서 키우는 애완동물이 없거나 환경이 허락한다면, 지금이 작은 털복숭이 친구를 키우는 것을 고려해 볼 때입니다. 사정이 있어 반려동물을 키울 수 없다면 지역 내 동물 구조 센터를 언제든 방문해서 개를 산책시키고 고양이를 안아 볼 수 있습니다.

---

1. 애완동물과 함께 시간을 보내는 것이 불안감을 줄이는 데 도움이 되었습니까? **예 / 아니오**

2. 이 전략을 자신의 대처 목록에 추가하겠습니까? **예 / 아니오**

#82

취미 갖기

취미를 갖는 것은 당신의 생활에 많은 긍정적인 영향을 줄 수 있는데 정신 건강을 돕는 것도 그중 하나입니다. 그것은 과민한 마음을 진정시키는 데 도움을 주는가 하면 좋아하는 일에 집중하게 함으로써 스트레스와 불안 완화에 도움을 줄 수 있습니다. 이는 성취감으로 혼을 채우고 불안하고 부정적인 생각에서 벗어나는 경험을 제공합니다. 취미에는 요리, 글쓰기, 운동, 요가, 그림 그리기, 도예, 개 산책, 뜨개질 등 좋아하는 모든 것이 포함될 수 있습니다. 이미 즐기는 취미가 있다면 그것을 계속 해 나가십시오. 아직 찾지 못했다면 다양한 재능을 가진 사람들의 모임도 많고, 집에서 뭔가를 시도해 보고 싶다면 온라인 동영상이나 강좌들이 있습니다.

---

1. 당신은 취미가 있습니까? **예 / 아니오**

2. 취미가 무엇입니까?

3. 취미 활동을 하면 어떤 기분이 듭니까?

4. 취미가 없었다면, 어떤 취미를 갖고 싶습니까?

5. 취미 활동을 계속하거나 시작할 예정입니까? **예 / 아니오**

6. 이 전략을 자신의 대처 목록에 추가하겠습니까? **예 / 아니오**

#83

그림 또는 패턴 그리기

그림 그리기는 집중된 마음이 마음챙김과 휴식 상태로 이끌어 신경계를 진정시킴으로써 불안증을 완화하는 데 도움이 됩니다. 이것은 혈압을 낮추고 호흡을 조절하며 심박수를 보다 편안한 속도로 만들어 줍니다. 무엇이든 그리는 것은 도움이 될 수 있으며 패턴을 그리는 것은 특히 펜이나 연필의 움직임이 마치 최면에 걸리는 것처럼 느껴져 이러한 감정을 더욱 촉진하게 합니다. 이것은 하루를 정리하고 잠시나마 불안에서 벗어나게 하는 훌륭한 스트레스 해소 활동입니다.

이번 섹션을 마치기 전에 이 전략을 최소 3번 이상 시도해 보십시오.

1. 불안감이 있을 때 그림이나 패턴을 그리려고 시도한 적이 있습니까? **예 / 아니오**

2. 이 전략이 편안함을 느끼는 데 도움이 되었습니까? **예 / 아니오**

3. 이 전략이 불안감을 줄이는 데 도움이 되었습니까? **예 / 아니오**

4. 그림 그리기가 공황발작을 피하는 데 도움이 되었습니까? **예 / 아니오**

5. 이 전략을 자신의 대처 목록에 추가하겠습니까? **예 / 아니오**

#84
손잡기

껴안기도 그렇지만 누군가의 손을 잡는 것은 앞서 언급한 바와 같이 우리에게 편안하고 사랑받는 느낌을 주는 옥시토신을 분비한다고 합니다. 연구에 따르면 이 간단한 행동이 불안 감소에 도움이 되는 통증 완화 효과가 있는 것으로 나타났습니다. 게다가 배우자, 자녀 또는 다른 가족 구성원과의 애정 어린 관계는 혼을 증진하고 불안증을 완화하는 역할을 합니다. 따라서 특히 불안이 걱정된다면 사랑하는 사람과의 다정함은 결코 과소평가해서는 안 됩니다.

---

1. 삶에서 친절한 사람과의 접촉이 충분히 이루어지고 있습니까?
예 / 아니오

2. 서로 배려하는 마음을 나눌 수 있는 사람이 있나요? **예 / 아니오**

3. 손을 잡을 만한 누군가가 있습니까? **예 / 아니오**

4. 손을 잡을 때 어떤 기분이 듭니까?

5. 이 전략이 불안을 줄이는 데 도움이 되었습니까? **예 / 아니오**

6. 이 전략을 자신의 대처 목록에 추가하겠습니까? **예 / 아니오**

#85

자연의 소리

편안한 음악처럼, 자연의 소리를 듣는 것도 우리 몸의 긴장을 완화하는 데 도움이 된다는 연구 결과가 있습니다. 자연의 소리는 불안감을 감소시키고 코르티솔이라는 스트레스 호르몬 수치를 낮출 수 있습니다. 이제 불안하다고 느낄 때 정원이나 공원 또는 평온한 장소를 걸으며 새소리, 벌레나 바람 소리에 귀를 기울여 보십시오. 또는 자연의 소리를 들려주는 여러 앱을 이용할 수 있으며, 유튜브나 실시간 방송 서비스에도 이용할 수 있는 목록이 있습니다. 집이든 직장이든 다른 어떤 장소에서든 불안이 감당할 수 없는 수준으로 올라온다고 느낄 때 눈을 감고 의식적으로 숨을 쉬며 자연의 소리에 귀 기울여 보십시오.

이번 섹션을 마치기 전에 이 전략을 최소 3번 이상 시도해 보십시오.

1. 이 전략이 편안함을 느끼는 데 도움이 되었습니까? **예 / 아니오**

2. 이 전략이 불안감을 줄이는 데 도움이 되었습니까? **예 / 아니오**

3. 이 전략을 자신의 대처 목록에 추가하겠습니까? **예 / 아니오**

#86

4×4 호흡

4×4 호흡 또는 박스 호흡이라고도 하는 복식호흡은 불안하거나 스트레스를 받을 때 긴장을 푸는 호흡 기법입니다. 이 기술은 경 기력과 집중력을 높여 주면서 편안함을 주기 때문에 군인, 스포츠 스타, 유명 인사들이 자주 사용합니다. 이 방법을 시도하려면 먼 저 폐 아래에서 위로 채우면서 4초 동안 코로 숨을 들이마셔야 합 니다. 그런 다음 4초 동안 숨을 참은 다음 4초 동안 천천히 숨을 내 쉬어야 합니다. 그런 다음 내쉬는 숨을 4초간 참습니다. 이 과정을 4회 반복하며, 익숙해지면 숨을 들이마시고 내쉬고 참는 시간을 늘릴 수 있습니다. 이 기술은 불안을 느낄 때나 증상이 심해진다고 느낄 때 호흡을 가다듬는 데 도움이 됩니다.

---

1. 이 전략이 편안함을 느끼는 데 도움이 되었습니까? **예 / 아니오**

2. 이 전략이 불안감을 줄이는 데 도움이 되었습니까? **예 / 아니오**

3. 이 전략이 공황발작을 막는 데 도움이 되었습니까? **예 / 아니오**

4. 잠들기 위해 이 기술을 시도해 보았습니까? **예 / 아니오**

5. 이 전략을 자신의 대처 목록에 추가하겠습니까? **예 / 아니오**

#87

오렌지 껍질 벗기기

오렌지 껍질을 벗겨 감귤 향을 맡는 것은 불안에 긍정적인 영향을 준다고 합니다. 부엌이나 일하는 장소에 오렌지를 한 접시 두고 있다가 불안이 극심해진다고 느낄 때 오렌지 껍질을 벗겨 감귤 향을 맡으십시오. 좀 더 창의력을 발휘하고 싶다면 오렌지 껍질로 방향제를 만들거나 작은 냄비에 껍질을 넣고 물과 함께 끓여 주방을 오렌지 향으로 가득 채울 수 있습니다.

---

1. 이 전략이 편안함을 느끼는 데 도움이 되었습니까? **예 / 아니오**

2. 이 전략이 불안감을 줄이는 데 도움이 되었습니까? **예 / 아니오**

3. 이 전략을 자신의 대처 목록에 추가하겠습니까? **예 / 아니오**

#88
한쪽 콧구멍으로 숨쉬기

불안을 잠재우기 위해 시도해 볼 수 있는 또 다른 호흡법은 한 쪽 콧구멍 호흡법 또는 요가 애호가들이 부르는 나디쇼다나Nadi Shodhana 호흡법[교호 호흡, 산스크리트어로 통로 정화라는 뜻]입니다. 이 느린 호흡법은 말 그대로, 콧구멍 한쪽으로 숨을 들이쉬고 내쉬는 데 집중한 다음 다른 쪽으로 숨을 들이쉬고 내쉬는 데 집중합니다. 이 기법을 연습하려면 엄지손가락으로 한쪽 콧구멍을 막아야 합니다. 그런 다음 열린 콧구멍으로 4초 동안 숨을 들이마시고 같은 콧구멍으로 4초 동안 숨을 내쉬어야 합니다. 마치고 나면 반대쪽 콧구멍을 엄지손가락으로 막고 열린 콧구멍으로 4초간 들이쉬고 4초간 내쉽니다. 이 과정을 적어도 1분 이상 반복해야 하며 익숙해지면 그 이상을 합니다. 이것은 불안을 빠르게 잠재우고 감각을 진정시키며 필요할 때 에너지를 북돋아 주는 빠른 작용 기법입니다.

---

1. 이 전략이 편안함을 느끼는 데 도움이 되었습니까? **예 / 아니오**

2. 이 전략이 불안감을 줄이는 데 도움이 되었습니까? **예 / 아니오**

3. 이 전략이 공황발작을 막는 데 도움이 되었습니까? **예 / 아니오**

4. 이 전략을 자신의 대처 목록에 추가하겠습니까? **예 / 아니오**

#89
마음챙김 하기

요새 마음챙김이 유행어처럼 퍼지고 있는데 그럴 만한 이유가 있어 보입니다. 마음챙김은 지금 이 순간 경험하고 느끼는 감정에 좋고 나쁨을 판단하지 않고 주의를 집중하는 과정입니다. 주의를 기울이는 가운데 우리는 감정과 행동을 파악할 수 있고 이로써 감정과 행동을 큰 그림의 일부로서 다루며 이를 개선할 수 있는 기회를 얻을 수 있습니다. 몇 분 동안 아무 방해 요소 없이 조용히 앉아 있는 것만으로도 마음챙김이나 명상을 수행할 수 있습니다. 이 책에 소개한 호흡 기법 중 하나를 사용하여 호흡에 집중하고 자신의 감정과 행동이 어땠는지 생각하십시오. 불안한 생각에 겁을 내거나 그것이 좋거나 나쁘다고 판단하지 말고 불안한 생각과 친숙해지도록 노력해 보십시오. 이렇게 하면 불안을 좀더 차분하게 해결할 수 있습니다. 조용한 가운데 앉거나 누워서 명상할 수 있고 걷기나 요가, 그림 그리기, 색칠하기 등 다른 편안한 활동을 하면서 마음챙김 명상을 할 수도 있습니다.

---

1. 이 전략이 편안함을 느끼는 데 도움이 되었습니까? **예 / 아니오**

2. 어떻게 마음챙김을 연습했습니까? 무엇을 했습니까?

3. 이 전략이 불안감을 줄이는 데 도움이 되었습니까? **예 / 아니오**

4. 이 전략을 자신의 대처 목록에 추가하겠습니까? **예 / 아니오**

#90
휴식 또는 휴가 계획하기

때로는 당신에게 휴식이 필요합니다. 약간의 휴식이나 휴가 또는 상황 변화는 종종 우리의 건강에 큰 도움이 됩니다. 경제적으로 여유가 있다면 평소 가고 싶었던 곳으로 여행을 떠나 보십시오. 당장 돈이 문제라면 가까운 시골이나 가까운 해안 산책로 또는 해변으로 떠나보십시오. 일상에서 벗어나 휴식을 취하는 것은 몸과 마음에 쉼을 주고, 생각을 정리할 수 있는 공간을 마련해 줄 수 있습니다. 쉬거나 휴가를 보내는 동안 마음챙김 명상을 해 보고, 인생에는 긍정적이고 재미있는 경험들이 있다는 것을 기억하십시오.

---

1. 휴가나 휴일을 정했습니까? **예 / 아니오**

2. 어디로 떠나십니까?

3. 정한 곳이 없고 아직 준비가 안 되었다면, 갈 수 있는 곳은 어디입니까?

4. 휴가를 떠나 쉬는 기분은 어떻습니까?

5. 하루 즐기거나 아니면 어딘가에서 더 편안하게 쉬고자 하십니까? **예 / 아니오**

6. 이 전략을 자신의 대처 목록에 추가하겠습니까? **예 / 아니오**

#91

따뜻한 목욕이나 샤워하기

샤워하거나 목욕하다가 절로 "아!"하고 소리가 나온 적이 있습니까? 따뜻한 목욕이나 사워가 근육과 몸을 이완시켜 결국 불안감을 덜어주기 때문입니다. 이완을 위한 입욕제를 사용하고 조용한 음악을 틀어 놓고 촛불을 켜서 욕실에 평온함을 높여 보십시오. 이런 방법으로 밤 루틴을 추가하여 하루 중 느긋한 시간으로 만들어 보십시오. 그러나 물이 너무 뜨거워서 체온이 급격히 올라가 불안감이 높아지지 않도록 주의하십시오.

---

1. 이 전략이 편안함을 느끼는 데 도움이 되었습니까? **예 / 아니오**

2. 이 전략이 불안감을 줄이는 데 도움이 되었습니까? **예 / 아니오**

3. 입욕제를 사용했나요? **예 / 아니오**

4. 촛불을 켜고 편안한 음악을 들었나요? **예 / 아니오**

5. 이 전략을 자신의 대처 목록에 추가하겠습니까? **예 / 아니오**

#92
느긋해지기

요즘처럼 바쁘게 돌아가는 현대 사회에서 우리는 종종 이런저런 일들에 휘말려서 느긋함을 깜박 잊고 삽니다. 불안함을 느낀다면 서두르지 말고, 모든 사람을 기쁘게 하려던 것과 스스로 압박하는 것을 멈추고 그냥 느긋할 때입니다. 당신의 정신 건강은 매우 중요하므로 서두르지 마십시오. 일하는 것, 남에게 뒤처지지 않는 것, 최신 유행과 최고의 것들을 쫓아서 소셜 미디어에 모든 것을 기록하는 것은 인생에 가장 중요한 일이 아닙니다. 하루 중 잠깐 휴식을 취하며 의식적으로 호흡할 여유를 가지십시오. 차 안이나 집이든, 화장실이나 직장이든 그 어디라도 상관없습니다. 그냥 느긋하게 눈을 감고 평온한 순간을 즐기십시오.

---

1. 당신은 바쁜 생활에 끌려다니고 있습니까? **예 / 아니오**

2. 항상 일하고 있는 자신을 발견하게 됩니까?

3. 스스로 돌아볼 때, 당신은 느긋해질 시간을 찾아야 한다고 생각합니까?

4. 하루 중 언제 어디서 휴식을 취할 수 있습니까?

5. 지금, 이 순간에 휴식을 취하고 있습니까? **예 / 아니오**

6. 이 전략을 자신의 대처 목록에 추가하겠습니까? **예 / 아니오**

#93
책 읽기

좋아하는 책을 10분만 읽어도 당신이 몰두하는 이야기에 꽂혀 집중하게 되므로 불안과 스트레스 정도를 낮출 수 있다는 연구 결과가 있습니다. 이것은 책을 계속 읽어 가면서 호흡은 정리되고 몸과 근육이 이완되며 심박수는 안정되기 때문입니다. 흥미로운 사실은 독서가 스트레스를 60% 이상 줄인다는 연구 결과인데, 뭔가 즐거운 일을 하면서 동시에 유익을 얻고 있다는 것을 실감한다면 아주 잘하는 것입니다. 애독자가 아니더라도 이제 스마트폰을 내려놓고 고전 양서를 찾아야 할 때일지 모릅니다.

---

1. 규칙적으로 책을 읽습니까? **예 / 아니오**

2. 아니라면, 이제 시작하겠습니까? **예 / 아니오**

3. 독서가 더 편안함을 느끼도록 해 줍니까? **예 / 아니오**

4. 만약 그렇다면, 매일 또는 최소한 규칙적으로 책 읽기를 하겠습니까?

5. 이 전략을 자신의 대처 목록에 추가하겠습니까? **예 / 아니오**

#94
엄지손가락 불기

말도 안 되는 것처럼 들리시죠. 그렇죠? 음, 분명한 것은 엄지손가락을 불면 불안을 완화하는데 그것은 모두 미주 신경 때문입니다. 이 신경은 뇌간과 평행하게 가슴과 배로 이어집니다. 연구에 따르면 이 신경을 자극하면 혈압과 심박수를 낮춰 긴장을 완화하는 데 도움이 된다고 합니다. 이 기법을 시도하려면 엄지손가락을 손톱 아래까지 입에 넣고 입술을 오므리세요. 코로 4초 동안 숨을 들이마시고 4초 동안 숨을 참은 다음 엄지손가락을 입에 넣은 채로 7초간 입으로 숨을 내쉽니다. 이렇게 4회 또는 불안감이 줄어들 때까지 반복합니다. 이 방법이 효과가 있다고 여기는 이유 중 하나는 엄지손가락이 강한 맥박을 가지고 있으며 미주 신경과 연결되었기 때문입니다. 우리가 엄지손가락을 불면 미주 신경이 자극받아 심박수와 혈압이 느려지고 불안감이 줄어듭니다. 따라서 불안증을 개선하려고 엄지손가락을 부는 것은 생각만큼 이상하지 않습니다.

이번 섹션을 마치기 전에 이 전략을 최소 3번 이상 시도해 보십시오.

1. 이 전략이 편안함을 느끼는 데 도움이 되었습니까? **예 / 아니오**

2. 이 전략이 불안감을 줄이는 데 도움이 되었습니까? **예 / 아니오**

3. 이 전략을 자신의 대처 목록에 추가하겠습니까? **예 / 아니오**

#95

지압

전통적인 중국 의학의 한 형식인 지압은 불안을 안정시키는 특성이 있다고들 합니다. 이 기법은 머리, 귀, 어깨, 손, 손목, 발 등 신체 특정 부위에 압력을 가함으로써 스트레스와 우리 신체 내에 쌓인 긴장을 완화시켜 준다고 합니다. 만약 경제적으로 여유가 있다면 지압하는 지역의 전문 지압사를 찾아보십시오. 비용을 아끼고 싶다면 직접 보고 따라 할 수 있는 영상들이 유튜브에 많이 있습니다. 또는 가족이나 친구에게 도움을 구할 수도 있습니다.

이번 섹션을 마치기 전에 이 전략을 최소 3번 이상 시도해 보십시오.

1. 이 전략이 편안함을 느끼는 데 도움이 되었습니까? **예 / 아니오**

2. 지압해 줄 사람을 찾거나 혹은 당신이 스스로 해 보았습니까?

3. 이 전략이 불안감을 줄이는 데 도움이 되었습니까? **예 / 아니오**

4. 이 전략이 공황발작을 막는 데 도움이 되었습니까? **예 / 아니오**

5. 이 전략을 자신의 대처 목록에 추가하겠습니까? **예 / 아니오**

#96

마사지

솔직히 말해서 모든 사람은 마사지를 좋아합니다. 왜 그럴까요? 마사지는 최고의 편안함을 선사하며 우리가 불안으로 가득 찰 때 그것은 바로 우리에게 필요한 것이기 때문입니다. 마사지는 스트레스 호르몬인 코르티솔을 낮춰주는 작용을 하면서 긴장을 줄이는 것은 물론이고 몸과 마음에 많은 이점을 가져다줍니다. 이런 이점 외에도 마사지는 심박수와 혈압을 안정시키면서 우리 몸의 순환과 유연성을 향상시켜 줍니다. 연구 결과에 따르면 오랫동안 마사지를 정기적으로 받는 사람들은 불안이나 불안 증상이 감소한다고 합니다. 그러므로 스파에 갈 만한 경제적 여유가 있다면 최대한 빨리 예약하십시오. 하지만 돈을 아껴야 한다면 배우자나 가족 또는 친구에게 마사지를 해 줄 수 있는지 물어보세요. 마사지는 정신 건강에 도움이 되기 때문입니다.

---

1. 이 전략이 편안함을 느끼는 데 도움이 되었습니까? **예 / 아니오**

2. 누가 마사지를 해 주었습니까?

3. 이 전략이 불안감을 줄이는 데 도움이 되었습니까? **예 / 아니오**

4. 이 전략을 자신의 대처 목록에 추가하겠습니까? **예 / 아니오**

#97
머리부터 발끝까지 몸의 긴장 풀기

불안은 몸을 긴장하게 하므로 언제든 긴장을 풀어주는 것이 중요합니다. 이것을 위한 아주 좋은 방법은 머리부터 발끝까지 몸을 이완하는 것입니다. 등을 대고 눕거나 편히 앉아서 신체 모든 부분을 부위별로 이완하십시오. 이 동작을 하면서 조용한 음악을 듣는 것이 도움이 된다면 그렇게 해도 좋고, 그냥 고요함을 즐겨도 좋습니다. 이렇게 스트레스를 해소하는 기법을 시행하면서 호흡에 집중하고 이 책에 소개한 호흡 기법의 하나를 함께 해 보십시오. 몸을 이완하려면 발가락에 생각을 집중하고 발가락을 약간 긴장시켰다가 풀어주십시오. 모든 발가락을 동시에 긴장시키거나 아니면 먼저 한 발에 집중했다가 다른 쪽 발에 집중할 수도 있습니다. 이후에 발바닥이 이완되었다고 생각하면서 발바닥에 집중하십시오. 그다음은 정강이와 종아리. 다음은 허벅지와 대퇴사두근[대퇴의 앞쪽에 있는 강하고 큰 근육]이며 그다음은 골반, 엉덩이, 배, 허리, 등 위쪽, 가슴, 목 순입니다. 그다음 팔을 따라 손가락으로 내려갑니다. 그다음 손가락에 힘을 주었다가 놓습니다. 그다음 팔을 목까지 올립니다. 그다음 아래턱, 뺨, 입술, 입 주변 순입니다. 눈과 코 마지막으로 머리를 따라갑니다. 이 과정을 서두르지 말고 각 부위에 20초 이상 집중하십시오. 이 과정에서 잠이 들어도 괜찮습니다. 몸과 마음이 더 평온한 상태로 이완될 때 평화로움을 그냥 즐기십시오. 필요하다면 이 과정을 반복하십시오.

1. 이 전략을 자신의 대처 목록에 추가하겠습니까? **예 / 아니오**

#98
요가

요가는 마음과 몸, 혼에 좋은 고대 인도의 운동이자 수련법입니다. 5000년 이상을 이어 오면서 요가는 이제 전 세계적으로 인기가 높습니다. 호흡, 근력, 유연성에 집중하는 요가는 체육관, 사무실, 정원, 거실, 해변 등 당신이 생각하고 있는 곳이라면 전 세계 어디에서나 할 수 있습니다. 요가는 돈을 들이지 않고도 누군가의 시선에 구애받지 않는 가운데 할 수 있으며 당신의 몸과 불안에 놀라운 효과가 있습니다. 윈-윈인거죠. 요가를 수련하는 동안 마음을 단련하고 육체를 통제하며 더 건강해지고 휴식을 취하는 방법을 깨우칩니다. 호흡에 더욱 주의를 기울이면 요가는 심박수와 혈압을 낮추는 데 도움이 됩니다. 그것은 또한 신체의 자연적인 스트레스 호르몬 코르티솔 수치를 낮춰 줍니다. 당신이 거주하는 지역 내에 수강할 수 있는 수업이 있겠지만, 집에서 하고 싶다면 유튜브나 책에 소개된 다양한 동영상으로 배울 수 있습니다. 초보자부터 전문가까지 누구나 할 수 있는 요가로 일단 시도해 보고 기분이 어떤지 확인해 보십시오.

---

1. 이 전략이 편안함을 느끼는 데 도움이 되었습니까? **예 / 아니오**

2. 요가를 즐겼습니까? **예 / 아니오**

3. 이 전략이 불안감을 줄이는 데 도움이 되었습니까? **예 / 아니오**

4. 이 전략을 자신의 대처 목록에 추가하겠습니까? **예 / 아니오**

#99

필라테스

필라테스는 요가와 비교했을 때 좀 더 현대적인 형태의 운동입니다. 그러나 요가처럼 정신과 육체, 혼에 긍정적인 효과를 가져다줍니다. 호흡, 근력, 유연성에 집중하는 필라테스는 집이나 사무실, 헬스장 등 어디서나 할 수 있습니다. 요가나 다른 운동과 마찬가지로 당신의 지역 내에서 할 수 있는 필라테스장이 있을 것입니다. 만약 집에서 하고 싶다면 도서관이나 아마존에서 책을 구입하거나 유튜브에서 따라 할 만한 필라테스 영상을 찾아볼 수 있습니다. 불안에 필라테스가 주는 유익은 편안함과 마음챙김을 촉진하고 세로토닌 수치를 높여 스트레스 호르몬인 코르티솔 수치를 낮춰주는 것입니다. 요가와 필라테스 둘 다 살펴보고 어떤 것이 당신에게 잘 맞는지 알아보십시오. 둘 다 하거나 둘 중 하나에 집중하고 싶으십니까?

---

1. 이 전략이 편안함을 느끼는 데 도움이 되었습니까? **예 / 아니오**

2. 필라테스를 즐겼습니까? **예 / 아니오**

3. 이 전략이 불안감을 줄이는 데 도움이 되었습니까? **예 / 아니오**

4. 이 전략을 자신의 대처 목록에 추가하겠습니까? **예 / 아니오**

#100
이불은 무겁게

무게가 나가는 이불이 편안함을 주고 깊은 잠을 자는 데 도움이 된다는 연구 결과와 함께 불안을 겪는 이들이 아주 좋아하는 것입니다. 5~30파운드 무게의 이불은 몸이 마치 땅으로 눌리는 느낌의 접지 효과를 줄 수 있습니다. 깊은 압력의 자극은 체내 코르티솔 수치를 낮춰 주면서 불안 증상을 완화한다고 합니다. 이베이나 아마존 같은 사이트에서 20~100£/$/€에 이르는 다양한 가격대의 이불이 있어 본인 예산에 맞는 것을 찾을 수 있습니다. 소파에서 휴식을 취하거나 깊은 잠을 자는 데 도움이 되는 무언가를 찾고 있다면 이불이 좋은 선택이 될 것입니다.

---

1. 무게가 나가는 이불을 구입했습니까? **예 / 아니오**

2. 이 전략이 편안함을 느끼는 데 도움이 되었습니까? **예 / 아니오**

3. 이 전략이 불안감을 줄이는 데 도움이 되었습니까? **예 / 아니오**

4. 이 전략이 숙면을 취하는 데 도움이 되었습니까? **예 / 아니오**

5. 이 전략을 자신의 대처 목록에 추가하겠습니까? **예 / 아니오**

#101
발 들어올리기

힘든 하루를 마치고 우리가 모두 하고 싶어 하는 것은 발을 올려놓고 편히 쉬는 것입니다. 그런데 이렇게 하면 불안한 감정을 안정시킬 수 있다는 것을 알았습니까? 발을 머리와 심장보다 높이 올려놓으면 다리와 발에 가해지는 압력이 사라지면서 순환이 이루어져 신경계가 평온해집니다. 이것은 일명 비파리타 카라니Viparita karani라는 요가 자세로 바닥에 누워 다리를 들어 벽에 대는 것입니다. 몇 분간 혹은 불안이 덜해질 때까지 이 자세를 유지해 보십시오. 이 자세는 평온한 느낌을 줄 뿐만 아니라 하루 종일 서거나 앉아 있었다면 몸의 균형을 다시 잡아 줍니다. 만일 이 자세가 너무 어렵다면 소파에 누워서 손잡이 부분에 쿠션을 놓고 그 위에 발을 올려놓으십시오.

---

1. 이 전략이 편안함을 느끼는 데 도움이 되었습니까? **예 / 아니오**

2. 비파리타 카라니Viparita karani 자세를 취하거나 소파에 발을 올려놓아 보았습니까? **예 / 아니오**

3. 이 전략이 불안감을 줄이는 데 도움이 되었습니까? **예 / 아니오**

4. 이 전략을 자신의 대처 목록에 추가하겠습니까? **예 / 아니오**

#102
자율감각 쾌락반응(ASMR)

최근 몇 년 동안 유튜브에서 수백만 건의 조회수를 기록하며 인기를 끌고 있는 자율 감각 쾌락 반응Autonomous Sensory Meridian Response[뇌를 자극해 심리적인 안정을 유도하는 영상으로 바람이 부는 소리, 연필로 글씨를 쓰는 소리, 바스락거리는 소리 등을 제공해 준다. 네이버 지식백과], 약자로 ASMR이 있습니다. ASMR에 익숙한 분들도 있을 테고, 어떤 분들은 '도대체 그게 뭐지?' 하는 분들도 있을 것입니다. 처음 듣는 분들에게 설명하자면, 간단하게 말해 가장 순수한 형태의 영상이나 음성 자극으로 작거나 큰 행복감을 느낄 수 있게 해주는 것입니다. 제대로 작동한다면 머리, 목, 등 때로 몸 전체에 따끔거리는 감각을 느낄 수 있을 것입니다. 어떤 이들은 그저 기분만 좋을 수도 있습니다. AMSR이 효과가 있는 사람들에게는 대단히 좋은 이완제가 될 수 있고 불안, 스트레스, 우울, 불면증을 완화하는 데 도움이 됩니다. 만일 ASMR 영상을 들어보고 싶다면 유튜브에서 AMSR을 검색하십시오. 여성이나 남성의 목소리와 다양한 소리가 담긴 수천 가지 동영상을 고를 수 있으므로 당신에게 잘 맞는 것을 찾을 때까지 몇 가지를 시도해 보십시오. 보다 실감 나는 경험을 하고 싶다면 헤드폰을 착용하고 들어 보십시오

---

1. 이 전략이 편안함을 느끼는 데 도움이 되었습니까? **예 / 아니오**

2. 이 전략이 불안감을 줄이는 데 도움이 되었습니까? **예 / 아니오**

3. 이 전략을 자신의 대처 목록에 추가하겠습니까? **예 / 아니오**

#103
부양요법

1970년대부터 인기를 끌며 유명 인사들과 운동선수들이 즐겨 사용하는 치료법 중 하나가 부양요법Floating theraphy[감각 차단 탱크라고도 불리는 무중력 부유 탱크를 이용하는 치료]입니다. 이것은 부유 탱크[격리 탱크/감각 박탈 탱크라고도 함]에 들어가 그냥 떠 있는 것입니다. 탱크는 물과 고농도의 엡솜Epsom 소금으로 가득 차 있습니다. 이것은 인체를 물 위에 떠 있게 해서 물에 빠질 염려는 없습니다. 현대인들은 매일 감각 과부하를 경험하지만, 부유 탱크는 촉각, 후각, 청각, 시각이 현격히 감소한 환경으로 들어가게 해 줍니다. 이것은 높은 수준의 편안함에 도달하고 고통을 경감시키며 무엇보다 이 책이 말하는 가장 중요한 불안을 완화하며 몸과 마음에 신체적 정신적으로 깊은 영향을 준다고 합니다. 그러나 당신의 불안 연관성에 따라 감각을 차단하는 것이 훨씬 심한 불안과 공황에 빠질 수 있게 한다는 점도 염두에 두어야 합니다. 하지만 시도해 보고 싶다면 지역 내에 부유 센터가 있는지 알아볼 만합니다.

---

1. 부양요법을 시도해 본 적이 있습니까? **예 / 아니오**

2. 이 전략이 편안함을 느끼는 데 도움이 되었습니까? **예 / 아니오**

3. 이 전략을 자신의 대처 목록에 추가하겠습니까? **예 / 아니오**

전문가의 도움

이 섹션의 전략과 팁은 당신에게 불안을 해소할 수 있도록 전문가의 도움을 받을 수 있는 몇 가지 선택 사항을 제공할 것입니다.

#104

의사와 상담하기

너무 간단하게 들리겠지만, 의사에게 당신의 기분이 어떤지 말해야 할 것 같으면 의사를 찾아가십시오. 당신은 불안으로 의사와 상담하는 첫 번째 사람이 아니며 마지막 사람도 아닙니다. 의사는 당신이 스스로 무엇을 할 수 있는지 조언하고 어떤 도움을 받을 수 있는지도 알려줄 것입니다. 그들은 전문 서비스를 추천하거나 약을 처방해 주고, 당신의 불안한 여정에 필요한 지원을 제공하는 것과 같은 일을 할 것입니다. 그들을 찾아가 보십시오.

---

1. 당신은 불안으로 의사와 상담한 적이 있습니까? **예 / 아니오**

2. 그 결과는 어땠습니까?

3. 느낌은 어땠습니까?

4. 의사와 계속 상담하겠습니까? **예 / 아니오**

5. 이 전략을 자신의 대처 목록에 추가하겠습니까? **예 / 아니오**

#105
치료사와 상담하기

친구나 가족과 얘기하고 이 책에 소개한 기법을 시도해 보는 것도 도움이 되고 아주 잘하는 것입니다. 그러나 때로는 도움이 좀 더 필요한 때가 있고, 그렇다면 전문가를 찾아야 합니다. 치료사나 상담사는 당신의 생각과 감정을 더 잘 이해하도록 돕고, 당신의 감정에 대처하는 더 면밀한 기법을 알려 줄 것입니다. 상담사나 치료사가 함께해 줄 수 있는 인지행동치료Cognitive behavioural theraphy(CBT) 같은 기법이나 여러 방법이 있습니다. 이것은 생각하고 행동하는 방식을 변화시켜 줄 검증된 방법입니다. 구글[네이버]에서 '불안 치료사' 혹은 '불안 상담사'를 검색하면 지역 내에서 도와 줄 수 있는 사람이 많이 있을 것입니다. 당장 형편이 어렵다면 보통 국민건강보험공단을 통해 이러한 서비스를 받을 수 있습니다. 대기자 명단이 길 수는 있지만, 결국은 누군가와 상담하게 됩니다. 또한 상담 서비스를 해 주는 자선 단체도 있습니다. 자세한 내용은 이 책 뒷부분을 참조하십시오. 하지만 경제적 여유가 있다면 지출 우선순위를 정해야 할 때입니다. 밤에 나가서 술을 마시거나 새 청바지나 담배를 사고 스포츠 내기에 돈을 쓰는 것이 더 낫습니까? 아니면 마음을 다스리는 데 돈을 쓰는 것이 더 낫습니까?

---

1. 이 전략을 자신의 대처 목록에 추가하겠습니까? **예 / 아니오**

#106

약물 치료

때때로 우리는 모두 불안에 약간의 추가적인 도움이 필요하며, 그것을 인정하는 것은 부끄러운 일이 아닙니다. 약물이 감정을 개선하는 데 도움을 준다면 약물을 사용하는 것은 약점이 아닙니다. 먼저 이 책에 소개한 기법을 시도해 봤지만, 여전히 어려움을 겪고 위기 상태라면 치료사를 찾아가거나 의사와 상담하여 항불안제를 복용하십시오. 그렇지만 평생 약을 먹는 것은 아니라는 것을 명심하십시오. 일단 이 책에 소개된 것 같은 대처 전략을 세우고 나서, 원한다면 서서히 약을 끊을 수 있습니다. 한 가지 명심할 점은 아무리 절망감을 느끼더라도 인터넷에서 판매하는 가짜나 불법적인 불안 약물은 절대 구입하지 마십시오. 어떤 성분이 들어 있는지 알수 없으며 심지어 치명적일 수도 있습니다. 이것이 당신이 보고 있는 경로라면, 의사와 상담하여 처방전을 받는 것이 훨씬 더 현명하고 안전합니다.

---

1. 복용할 수 있는 약물에 관해 의사와 상담했습니까? **예 / 아니오**

2. 불안으로 복용 중입니까? **예 / 아니오**

3. 불안에 대처하는 다른 전략을 배우고 싶습니까? **예 / 아니오**

4. 이 전략을 자신의 대처 목록에 추가하겠습니까? **예 / 아니오**

#107

인지행동치료(CBT)

알려진바 CBT, 곧 인지행동치료Cognitive behavioural therapy는 불안에 도움이 되는 심리치료 요법의 한 형태입니다. CBT는 당신의 생각, 신체적 느낌, 느끼는 감정, 처한 상황, 취하는 행동을 포함한 여러 영역을 살펴보고 이해를 돕습니다. CBT는 이러한 모든 영역이 서로 연결되어 있다는 관점에서 살펴보고 무엇이 불안을 일으키는지, 이에 대한 반응은 어떤지, 어떻게 해결할 수 있는지 파악하는 데 도움을 줍니다. CBT는 치료사나 의료인과 같이하는 일대일 강의나 그룹으로 또는 온라인 강의나 강좌 형태로 할 수 있습니다. 어떤 방식으로 접근하든 CBT는 당신의 불안증을 이해하고 감정과 증상을 극복하는 데 도움이 되는 대처 전략을 제공해 줄 것입니다. CBT가 불안장애가 있는 모든 사람에게 효과가 있는 것은 아니지만, 불안감으로 고통받는 사람들을 돕는 데는 성공률이 높습니다. CBT에 관해 알아보고 싶다면 인터넷이나 도서관에서 관련 자료를 조사해 보거나 의사와 상담하여 지역 내에서 서비스받는 방법을 상의하십시오.

---

1. CBT에 참여해 보고 싶습니까? **예 / 아니오**

2. 이전에 CBT를 해 본 적이 있습니까? **예 / 아니오**

3. CBT가 불안을 관리하는 데 도움이 되었습니까? **예 / 아니오**

4. 이 전략을 자신의 대처 목록에 추가하겠습니까? **예 / 아니오**

#108
최면요법

최면요법은 최면이라고 불리는 과정을 통해 환자가 특별한 방식으로 행동하거나 느끼도록 유도하는 대체 요법의 한 형태입니다. 이런 치료 행위를 하는 사람을 최면 치료사라고 부르는데, 최면 치료사를 찾는 이유는 다양합니다. 최면 치료사는 공포증으로 고통받는 사람이나 마약, 술, 담배를 끊고 싶어 하는 사람, 외상후스트레스장애Post-Traumatic Stress Disorder(PTSD)를 겪고 있는 사람, 스트레스, 우울증, 불안증을 겪는 사람들 등 다양한 사람들을 도울 수 있습니다. 최면요법을 하는 동안 최면 치료사는 깊은 이완과 집중 상태로 유도하여 당신의 인생에서 문제가 무엇인지 보고 해결하는 데 도움을 줄 것입니다. 최면요법은 불안 문제를 겪는 사람들을 아주 성공적으로 도울 수 있다는 연구 결과가 있습니다. 그러므로 당신이 거주하는 지역 내에서 훌륭한 치료사가 있는지 구글[네이버] 등으로 찾아볼 만합니다.

---

1. 최면 치료사를 만나 본 적이 있습니까? **예 / 아니오**

2. 최면요법이 불안감을 줄이는 데 도움이 되었습니까?
   예 / 아니오

3. 최면 치료사를 아직 만나 본 적이 없다면 앞으로 만나 보시겠습니까? **예 / 아니오**

4. 이 전략을 자신의 대처 목록에 추가하겠습니까? **예 / 아니오**

좋은 기분

이번 섹션에 소개하는 전략과 팁은 불안한 감정에도 불구하고 기분 좋게 하는 기법들을 가르쳐 줄 것입니다.

#109

개그 읽기나 듣기

'웃음은 최고의 약이다.'라는 속담을 아십니까? 정말 그럴 수 있습니다. 웃음은 신체의 자연적인 행복 물질로 알려져 있으며 천연 진통 작용을 하는 엔도르핀 분비를 촉진한다는 연구가 있습니다. 또한 코르티솔 같은 스트레스 호르몬 수치를 낮추면서 면역 항체를 증가시키는 것으로도 나타났습니다. 이것을 염두에 두고 불안한 느낌이 든다면 친구, 가족, 직장 동료에게 최고의 개그 또는 최악의 개그를 들려달라고 하십시오. 주변에 웃겨 줄 사람이 아무도 없다면 핸드폰을 꺼내 구글에서 가장 재미있는 개그 100선이나 당신이 봤을 때 가장 웃긴 개그를 찾아보십시오.

---

1. 누군가에게 개그해 달라고 요청해 봤습니까? **예 / 아니오**

2. 개그를 읽어 봤습니까? **예 / 아니오**

3. 이것 중 하나가 기분을 개선하는 데 도움이 되었습니까?
   예 / 아니오

4. 이 전략을 자신의 대처 목록에 추가하겠습니까? **예 / 아니오**

#110

미소 짓기

당신은 미소가 뇌를 속여 행복하다고 느끼게 할 수 있다는 것을 아십니까? 자, 이제, 그렇게 해 보세요. 과학적인 연구 결과에 따르면 단순한 미소가 도파민과 세로토닌이라는 호르몬을 분비해서 뇌에 강력한 화학 반응을 일으킨다고 보여 줍니다. 이 두 호르몬은 스트레스 수치를 낮추고 행복감을 높이는 것과 연관됩니다. 이 사실을 염두에 두고 기분과 감정을 북돋우기 위해 한 번에 10초씩 10번 미소를 지어 보십시오.

이번 섹션을 마치기 전에 이 전략을 최소 3번 이상 시도해 보십시오.

1. 미소가 행복감을 느끼는 데 도움이 되었습니까? **예 / 아니오**

2. 미소가 좀 더 편안함을 느끼는 데 도움이 되었습니까?
   예 / 아니오

3. 이 전략을 자신의 대처 목록에 추가하겠습니까? **예 / 아니오**

#111

밖으로 나가 자연 속으로

스트레스와 불안감을 느낍니까? 그렇다면 긴장을 풀기 위해 자연으로 돌아갈 때입니다. 시골이나 해변 또는 유사한 환경에서 편안히 산책하는 것은 신체의 활동을 촉진하는 긍정 호르몬을 제공하며 마음을 편안하게 합니다. 할 수 있다면, 매일 또는 적어도 일주일에 한 번은 산책을 계획하고 당신의 생활 습관으로 자리 잡게 하십시오. 밖으로 나가는 게 어렵다면, 알로에베라나 로즈마리처럼 항불안 식물로 실내 정원을 만들어 야외 분위기를 집 안으로 가져오십시오. 실내 정원은 자연의 느낌을 줄 뿐만 아니라 주의를 집중하고 주인의식을 갖게 하는 무언가를 제공해 줄 것입니다.

---

1. 경치 좋고 편안한 어딘가로 산책을 갔습니까? **예 / 아니오**

2. 기분이 좋았습니까? **예 / 아니오**

3. 장소는 어디입니까?

4. 실내 정원을 만든 적이 있습니까? **예 / 아니오**

5. 정원을 만들고 관리하는 것이 편안하고 기분 좋게 합니까?
   예 / 아니오

6. 어떤 식물을 심었습니까?

7. 이 전략을 자신의 대처 목록에 추가하겠습니까? **예 / 아니오**

#112

지역 사회에서 자원봉사 하기

왜 여기서 이것을 말하는지 궁금하십니까? 시간이 있고 사회적으로 자신감을 쌓고 싶다면 지역 사회 안에서 자원봉사를 해 보십시오. 이것은 이웃의 장 봐 주기, 동물 보호소의 개 산책시키기, 지역 농산물 시장에서 일손 돕기처럼 단순한 일입니다. 자원봉사를 통해 당신은 불안 속에 정형화된 패턴을 깰 뿐만 아니라 불안한 삶에서 벗어나 기분 좋은 요소를 만들어 낼 수 있습니다. 자원봉사에 참여하는 사람 중에는 신체적 또는 정신적으로 문제가 있거나 외롭거나 기타 생활에 제약이 있는 사람들이 많이 있습니다. 이런 점을 염두에 두고 보면 당신은 사회성을 키우고 자신감을 되찾을 수 있는 편견 없는 환경을 발견하게 될 것입니다.

---

1. 지역 사회에서 자원봉사를 해 본 적이 있습니까? **예 / 아니오**

2. 어디서 자원봉사를 했습니까?

3. 기분이 좋았습니까? **예 / 아니오**

4. 자원봉사를 계속할 예정입니까? **예 / 아니오**

5. 이 전략을 자신의 대처 목록에 추가하겠습니까? **예 / 아니오**

#113
자기 돌봄

이 현대적이고 열광적인 세상에서는 한 걸음 뒤로 물러나 자신을 위한 시간을 만드는 것은 필수적입니다. 경제적 여유가 있다면 마사지를 받거나 머리, 손톱, 수염, 치아 등 당신이 원하는 무엇이나 관리하십시오. 중요한 것은 기분이 좋아지는 것이어야 합니다. 우리는 대개 편안하고 외모가 좋아 보일 때 기분이 좋아집니다. 이것은 불안의 근본 원인을 해결하지는 못하지만 최근에 느꼈던 것보다는 훨씬 더 좋은 기분을 느끼게 해 줄 것입니다. 또한 불안한 생활에서 기분 좋게 하는 일을 찾는 것은 충분히 가치 있는 일이라는 것에 주목해야 합니다. 반대로 돈이 많지 않지만 여전히 자신을 관리하고 싶다면 미용 치료를 제공하는 지역 내 대학을 찾아보십시오. 무료 또는 저렴한 비용으로 이런 서비스를 제공하고 함께 실습할 고객을 찾는 학생들이 종종 있습니다. 이것이 우리의 목표는 아니니 강박적으로 생각하지는 말고, 대신에 가끔은 자신을 돌보는 시간을 가지십시오.

---

1. 자기 돌봄 치료를 받은 적이 있습니까? **예 / 아니오**

2. 어떤 것이었습니까?

3. 기분이 좋았습니까? **예 / 아니오**

4. 자신을 돌보는 일을 계속하겠습니까? **예 / 아니오**

5. 이 전략을 자신의 대처 목록에 추가하겠습니까? **예 / 아니오**

#114
재미있는 것 보기

앞서 언급했듯이 웃음은 신체의 자연적인 쾌감 화학물질로 알려져 있습니다. 웃음은 스트레스 지수를 낮추고 전반적으로 긍정적인 정신 건강과 행복감을 높여주는 엔도르핀을 분비하게 도와줍니다. 이 점을 염두에 두고 이제는 연쇄살인범, 음모론, 경이로운 우주 다큐멘터리는 끄고 당신을 웃게 만드는 것을 보아야 할 때입니다. 그것이 웃긴 영화든, 시트콤이든, 디즈니 영화든 이제는 좀 더 편한 마음으로 즐길 수 있는 TV를 시청할 때입니다. 집 밖에 있어 TV를 볼 수 없다면 유튜브가 있습니다. 유튜브에는 동물들의 우스꽝스러운 행동부터 역대급 실수 모음 20위까지 웃음을 자아내는 수많은 영상을 찾을 수 있습니다. 웃긴 영상을 보면서 불안과 스트레스를 해소하는 것은 좋은 조합입니다.

하루나 이틀 또는 일주일 동안 재미있는 영화나 시트콤, 웃긴 영상 모음집만 시청해 보십시오.

1. 이 전략을 시도해 보았습니까? 무엇을 시청했습니까?

2. 그것이 당신을 웃게 하고 기분 좋게 했습니까? **예 / 아니오**

3. 시청하는 동안 편안하고 불안감이 줄었습니까? **예 / 아니오**

4. 이 전략을 자신의 대처 목록에 추가하겠습니까? **예 / 아니오**

#115
음악에 맞춰 춤 추기

프레드 아스테어Fred Astaire[1899년 5월 10일 ~ 1987년 6월 22일, 미국의 배우이자 무용가]처럼 춤을 잘 추는 사람부터 '춤은 못 추지만 상관없다.'는 사람들까지, 춤은 전 세계 어디에서나 많은 사람이 좋아합니다. 집에서 혼자 추는 춤이든 사람이 가득 찬 클럽에서 추든 춤은 아주 즐겁습니다. 무엇보다 좋은 점은 스트레스 지수를 낮추고 세로토닌 수치를 증가시켜 정신 건강에 좋은 영향을 줍니다. 춤은 기분을 좋게 만들어 줄 뿐만 아니라 음악에 집중하고 해롭고 침투적인 생각에서 벗어나도록 정신을 환기시키는 데도 도움이 됩니다. 춤추는 것만으로는 충분치 않다면 호흡을 조절하며 세로토닌 수치를 더 높여 줄 수 있는 유산소 운동을 하는 것이 도움이 됩니다. 그러므로 불안한 기분이 든다면 좋아하는 레코드를 틀고 아무도 보지 않은 것처럼 춤을 춰 보십시오.

---

1. 불안할 때 춤을 춰 본 적이 있습니까? **예 / 아니오**

2. 춤추고 기분이 나아지고 좋아졌습니까? **예 / 아니오**

3. 춤이 불안한 마음을 딴 데로 돌려주었습니까? **예 / 아니오**

4. 이 전략을 자신의 대처 목록에 추가하겠습니까? **예 / 아니오**

#116
신앙 및 영성

이번 제안은 모든 사람이 신을 믿거나 영적인 것은 아니므로 누구에게나 맞는 전략은 아닙니다. 그러나 어떤 사람들에게는 신에게 하는 기도나 대화 또는 영성에 접근하는 것이 스트레스와 불안을 다스리는 데 도움이 된다는 것을 발견할 수 있습니다. 연구에 따르면 기도가 어떤 불안한 감정을 진정시켜 줄 수 있습니다. 그러나 그것은 당신이 기도하는 신과 그 신이 어떤 성격을 가지고 있다고 생각하는지에 따라 달라질 수 있습니다. 그 신이 도움을 주며 너그럽습니까? 아니면 비열하고 험악합니까? 당신은 신을 믿지 않거나 지금까지 생각해 본 적도 없을 수 있습니다. 그러나 기도할 마음을 먹고 신과 대화하거나 영적인 면에 접근한다 해도 분명히 손해 볼 것은 없습니다.

---

1. 신과 대화하는 것이 불안감을 해소하는 데 도움이 되었습니까?
   예 / 아니오

2. 불안감을 줄이는 데 도움이 되었습니까? **예 / 아니오**

3. 더 편안하게 느끼는 데 도움이 되었습니까? **예 / 아니오**

4. 이 전략을 자신의 대처 목록에 추가하겠습니까? **예 / 아니오**

#117
햇빛 즐기기

햇볕이 잘 드는 도시에 살든지 비가 많이 오는 마을에 살든지 햇볕은 정신 건강에 유익하므로 할 수만 있다면 우리는 어디서든 태양을 찾아야 합니다. 굳이 과학적 근거를 따지지 않아도 당신의 감정과 경험을 놓치지 않는다면 해가 비치고 있을 때와 바깥에 비가 오고 우중충할 때의 느낌을 비교하면 어떻습니까? 당신은 해가 비치고 있을 때를 더 좋아하지 않습니까? 그것은 우리가 태양을 좋은 시간과 추억에 연관 짓고, 햇볕에 노출되면 행복 호르몬인 세로토닌의 수치가 증가하기 때문입니다. 또한 비타민 D 수치를 올려 주는데 비타민 D 결핍은 (다른 섹션에서 설명했던 것처럼) 불안증을 유도할 수 있습니다. 게다가 화창한 날에는 해변, 공원, 시골 같은 야외에서 더욱 활동적으로 지낼 수 있고 무언가 색다른 일을 찾게끔 자극합니다. 그 모든 것은 우리의 웰빙을 증진합니다. 그러므로 당신이 햇볕이 잘 드는 곳에 산다면 최대한 활용하십시오. 더욱이 비가 많이 오는 지역에 산다면 화창한 날에는 우울한 기분으로 실내에만 앉아 있지 말고 밖으로 나가서 따스한 햇살이 피부에 닿는 느낌을 느껴 보십시오.

---

1. 이 전략을 자신의 대처 목록에 추가하겠습니까? **예 / 아니오**

제한 사항

이번 섹션에 소개하는 전략과 팁은 당신이 제한해야
할 것들을 보여 줄 것입니다. 그러한 것들은 당신의
불안한 증상과 감정을 자극하여 불안을 더 심각하게
할 수 있기 때문입니다.

#118
술

당신에게는 듣기 싫은 이야기라는 것을 알고 있어 진심으로 유감스럽지만, 이미 알고 있듯 불안증에 대해서라면 술은 악마와 같습니다. 술을 마시는 동안은 불안 증상을 완화하고 삶에서 오는 긴장감을 없애며 마치 왕 같은 자신감이 생길지도 모릅니다. 그렇지만 결국 그것은 당신의 뇌에 부정적인 영향을 줍니다. 술은 세로토닌 수치를 바꿔 놓고 신경 전달 물질을 교란시키는데, 일단 술의 이완 효과가 사라지고 나면 불안감의 증가로 이어질 수 있습니다. 숙취는 탈수, 뇌의 불균형, 저혈당 그리고 심박수 증가로 이어질 수 있습니다. 이 모든 것은 이미 불안으로 고통받는 사람에게 해악의 용광로입니다. 이따금 마시는 와인이나 맥주가 불안을 망각하게 하지는 않겠지만, 폭음은 멀리해야 합니다. 많은 사람이 특히 사교 모임에서 술을 대처 수단으로 사용하는데 어쩌면 당신도 마찬가지일 것입니다. 부득이하게 술을 마셔야 하는 자리에 간다면, 술을 마시는 사이에 술 대신 물을 마시도록 해 보십시오. 이렇게 하면 수분이 공급되고 과음을 막아 줄 것입니다. 술에 취하면 특정 방식의 주사를 부릴 수 있습니다. 술이 깨면 불안을 더 느끼게 하는 말과 행동이 있을 수 있으므로 술에 취했을 때 자신이 어떻게 행동하는지도 생각해 보아야 합니다.

---

1. 이 전략을 자신의 대처 목록에 추가하겠습니까? **예 / 아니오**

#119

흡연

연구에 따르면 장기간 흡연이 많은 사람이 믿는 것처럼 긴장을 완화하는 것이 아니라 오히려 불안한 감정을 증가시킨다고 합니다. 니코틴은 단기간에 이완감을 만들어 내지만 일단 이 초기 감정이 사라지고 나면 곧바로 흡연 욕구와 금단 현상의 증가로 이어집니다. 이러한 신체 변화의 감정들로 인해 종종 흡연자가 담배를 피우지 않으면 초조하고 불안한 기분이 들 수 있습니다. 담배는 절대 시작하지 않는 것이 더 낫지만, 만일 당신이 흡연자라면 당신의 폐만이 아니라 다른 신체 기관이 위험에 처할 수 있으므로 담배를 끊는 것을 고민해 봐야 할 때입니다. 금연에 도움이 되는 많은 것들이 있지만, 담배를 끊는 것은 말처럼 그렇게 쉽지 않았습니다. 행운을 빕니다.

---

1. 당신은 흡연자입니까? **예 / 아니오**

2. 1의 답이 '**예**'라면 담배를 피지 않을 때 더욱 불안합니까?
   예 / 아니오

3. 담배를 끊고 싶습니까? **예 / 아니오**

4. 담배를 끊을 예정입니까? **예 / 아니오**

5. 이 전략을 자신의 대처 목록에 추가하겠습니까? **예 / 아니오**

#120
불법 약물

불법적인 약물은 한 번 또는 그 이상 사용하면 정신 건강에 해로운 영향을 줍니다. 섭취한 약의 종류와 사용해 온 기간은 모두 당신의 정신 건강과 행복한 삶에 영향을 줍니다. 어떤 약물은 사용하는 동안 불안을 느끼게 하는가 하면 어떤 것은 며칠이나 몇 주, 몇 달, 혹은 몇 년 후까지도 불안감을 느끼게 합니다. 코카인, 헤로인, 스파이스, 엑스터시, 스피드, 스테로이드 및 지방 분해제 같은 신체 강화 약물까지 다양한 종류의 불법 약물이 널리 사용되고 있습니다. 하지만 여기 열거한 것보다 더 많은 불법 약물이 시중에 유통되고 있습니다. 당장은 불법적 약물이 현재 순간 당신의 기분을 좋게 하고 사회적 환경을 개선하는 것 같지만, 장기적으로는 건강에 해로운 영향을 미칩니다. 이 글을 읽고 있는 독자라면 불안을 겪고 있을 텐데 그렇다면 당신의 정신 건강은 이미 문제가 있고 불법 약물들은 전혀 도움이 되지 않으므로 사용하지 마십시오. 불안을 겪고 있지 않다면 이런 경고를 엄중하게 받아들이십시오. 불법 약물을 복용한다는 것은 정신 건강에 상당한 영향을 미칠 수 있으며 장기적으로 위험을 감수할 만한 가치가 전혀 없습니다. 사실 불법 약물을 사용한 모든 사람이 정신 건강 문제를 일으키는 것은 아닙니다. 그러나 그 둘 사이의 연관성은 누누이 증명된 것입니다.

---

1. 이 전략을 자신의 대처 목록에 추가하겠습니까? **예 / 아니오**

#121
카페인

카페인은 강력한 각성제이므로 불안 증상이 있는 사람은 주의해서 섭취해야 합니다. 카페인은 대부분 알고는 있지만 인정하고 싶지 않은 불안 촉발제 중 하나로, 특히 커피를 매일 한 잔 이상 즐겨 마시는 사람에게 해당합니다. 카페인은 체내에서 자연적인 도피 또는 투쟁 반응을 활성화하여 불안감을 악화시키고 심지어 불안 발작을 일으킬 수 있습니다. 듣기 싫겠지만 하루를 버틸 수 있게 도와주는 너무 사랑스러운 커피 한 잔을 포기해야 할 때일지도 모릅니다. 충격과 공포죠! 불안은 종종 당신을 피곤하게 하겠지만, 카페인 함량이 높은 커피를 찾는 것은 해답이 아닙니다. 카페인 함량이 높은 다른 제품으로는 당이 높은 콜라나 유사한 청량음료, 다크 초콜릿, 차와 일부 약물이 있습니다. 커피나 차의 맛을 좋아해서 끊는 것을 상상할 수 없다면 카페인이 없는 대체품을 선택해 보십시오. 물론 불안증이 있는 모든 사람이 카페인에서 부정적인 영향을 받는 것은 아닙니다. 그러나 카페인은 기분에 영향을 미칠 수 있으므로 주의 깊게 지켜볼 필요가 있습니다.

이것은 지속적으로 관찰해야 할 사항입니다.

1. 카페인 함량이 높은 일부 음식과 음료는 섭취 후 불안감을 더 높여 줄 수 있다는 것을 알았습니까? **예 / 아니오**

2. 이 전략을 자신의 대처 목록에 추가하겠습니까? **예 / 아니오**

#122
에너지 음료

커피와 마찬가지로 피곤하고 지칠 때 에너지 음료를 종종 찾게 됩니다. 그것이 당연한 일 같지만, 커피를 마시는 것과 마찬가지로 불안으로 고통받는 사람에게는 잘못된 행동입니다. 에너지 음료는 카페인으로 꽉 차 있기 때문에 몸을 차분하고 편안하게 유지하고 싶다면 다량으로 섭취하는 것은 피해야 합니다. 이러한 고용량의 카페인은 불안을 더 키우고 초조하게 하며 심지어 공황발작을 일으킬 수도 있습니다. 밤에 나가서 술을 즐겨 마시는 사람은 술을 에너지 음료와 섞어 마시는 것을 피해야 합니다. 어찌 됐든 술은 불안에 부정적인 영향을 미치는데 에너지 음료와 함께 마시면 이중으로 문제가 됩니다. 취한 상태에서는 환상적이고 활기찬 기분을 느낄지 모르지만, 그 후 밤새도록 또는 다음 날이면 당신의 몸은 나빠질 게 분명합니다.

---

1. 평소에 에너지 음료를 자주 마십니까? **예 / 아니오**

2. 에너지 음료를 마시고 나면 초조해지고 불안하게 된다는 것을 알았습니까? **예 / 아니오**

3. 이 전략을 자신의 대처 목록에 추가하겠습니까? **예 / 아니오**

#123

뉴스

세상에서 어떤 일이 일어나는지 아는 것은 좋은 일이고, 유용하며 때로는 정보를 얻기 위해 필요합니다. 하지만 초연결 현대 시대에 우리는 뉴스 과부하의 위험 속에 있고 이것은 우리의 불안에 영향을 미칠 수 있습니다. 질병, 바이러스, 죽음, 전쟁, 폭력, 증오, 범죄와 같은 뉴스를 계속 듣고, 읽고, 보다 보면 이것에 압도되어 가뜩이나 불안한 우리의 정신을 더 혼란스럽게 할 수 있습니다. 사물을 인식하는 것은 좋지만 두려움과 슬픔이 매일 당신의 뇌에 주입되는 것은 불안감이 있는 사람에게 생산적이지 않습니다. 가능하면 며칠 동안 뉴스를 완전히 끊고 기분을 살펴보십시오. 만약 세상의 상황을 알아야 한다면 하루에 딱 한 번 뉴스를 듣거나, 읽거나, 보십시오. 저녁이나 특히 잠자리에서는 뉴스를 보지 마십시오. 핸드폰으로 뉴스 앱을 보고 있다면 앱을 지우거나 절제할 수 있다면 하루에 한 번만 보십시오. 또 한 가지 주의해야 할 점은 소셜 미디어 플랫폼에서는 뉴스에 관해 사람들이 하는 이야기부터 뉴스 기관 및 정보를 공유하는 기업까지 뉴스로 가득 차 있다는 것입니다. 이를 염두에 두고 부정적인 뉴스가 불안을 키운다는 것을 안다면 소셜 미디어를 끊거나 사용 시간을 제한하는 것이 좋습니다.

---

1. 뉴스가 당신의 불안을 키웁니까? **예 / 아니오**

2. 이 전략을 자신의 대처 목록에 추가하겠습니까? **예 / 아니오**

#124

핸드폰

앞서 언급했듯이 우리는 모두 우리가 알고 싶은 모든 것을 손가락 끝으로 확인할 수 있는 초연결 세상에 살고 있습니다. 사람들 역시 필요하면 언제든 우리와 연결할 수 있고 우리도 그렇습니다. 이것은 좋은 때도 있지만 항상 그런 것은 아닙니다. 소셜 미디어와 마찬가지로 그것은 축복이자 저주입니다. 기술에 압도당하는 느낌을 받는다면 핸드폰을 놓고 쉴 때가 된 것입니다. 핸드폰을 끄고 잠시 평화를 즐기면서 핸드폰처럼 마음도 쉬게 하십시오. 30분간 조용히 앉아서 그냥 휴식을 취하십시오. 저녁마다 늘 핸드폰에 매달려 있는 자신을 발견한다면 집에 있을 때는 핸드폰을 넣어 놓을 수 있는 잠금장치가 있는 상자를 하나 구입하십시오. 그런 다음 너무 많이 사용한다고 느끼면 핸드폰을 상자에 넣어 두고 휴식을 취하십시오. 연락할 수 있는 상태를 유지하는 것은 좋고 긍정적이지만, 24시간 내내 그럴 필요는 없다는 점을 기억하십시오.

---

1. 당신은 항상 핸드폰을 사용하고 있습니까? **예 / 아니오**

2. 핸드폰 사용을 중단할 필요가 있다고 느낍니까? **예 / 아니오**

3. 핸드폰을 끄고 휴식을 취할 예정입니까? **예 / 아니오**

4. 이 전략을 자신의 대처 목록에 추가하겠습니까? **예 / 아니오**

#125
소셜 미디어

누구나 소셜 미디어를 좋아하지만, 때로 그것이 지나칠 때는 우리의 뇌와 눈은 화면으로부터 그리고 우리의 삶을 타인과 비교하는 것에서 벗어나 휴식이 필요합니다. 우리의 삶을 '흠잡을 데 없이 완벽한' 이미지나 이야기와 비교하다 보면 불안과 결핍감을 만들어 내서 자기 삶에 대해 부정적 정서를 창출할 수 있습니다. 이런 일이 벌어지지 않게 하십시오. 이런 기분이 든다면 자신감과 편안함, 행복을 느낄 때까지 소셜 미디어를 잠시 쉴 필요가 있습니다. 자신에게 맞는 방식으로 사람들과 반드시 연락하며 지내되 소셜 미디어를 과도하게 사용하지 말고 또 그 안에서 타인과 자신을 비교하지도 마십시오. 모든 사람의 인생은 서로 다릅니다.

---

1. 당신은 소셜 미디어를 사용합니까? **예 / 아니오**

2. 소셜 미디어를 너무 많이 사용합니까? **예 / 아니오**

3. 당신은 다른 사람과 비교하여 자신의 생활을 부정적으로 보는 자기 모습을 발견합니까? **예 / 아니오**

4. 소셜 미디어를 잠시 쉴 예정입니까? **예 / 아니오**

5. 소셜 미디어를 중단한 적이 있다면 그때 기분이 어땠습니까?

6. 이 전략을 자신의 대처 목록에 추가하겠습니까? **예 / 아니오**

식단과 영양

이번 섹션에 소개하는 전략과 팁은 당신이 먹고 마시는 것들이 불안감에 긍정적인 영향을 주는지 부정적인 영향을 주는지 살펴보게 될 것입니다.

#126
가공 설탕

가공 설탕이 함유된 식품은 누구나 좋아하는 만큼, 그것은 당신의 불안에 부정적인 영향을 미칠 수 있습니다. 가공 설탕으로 가득 찬 음식과 음료는 초콜릿, 케이크, 사탕, 탄산음료, 과일주스, 비스킷, 일부 요구르트, 케첩, 새콤달콤한 소스 외에도 아주 많습니다. 그 목록은 방대하지만, 당신이 무엇을 먹는지 주의를 기울이다 보면 불안을 유도하는 주범을 금세 알아차릴 수 있습니다. 그렇다면 가공 설탕은 왜 그렇게 불안을 겪는 사람에게 나쁠까요? 자, 올라간 것은 반드시 내려오기 마련인데, 당이 높은 음식은 당신을 불안정한 상태로 떨어뜨릴 수 있습니다. 이에 따라 긴장과 짜증을 일으키는데, 바로 이것이 불안을 악화시키는 부작용입니다. 설탕은 혈당 수치에 영향을 미치고 수치를 변동시키는데, 정상 수준을 유지하기 위해 몸이 더 열심히 일하기 때문입니다. 만일 당신이 불안으로 고통받고 있다면 급격한 당의 상승과 하락은 당신을 더 예민하게 하고 진이 빠지게 할 수 있습니다. 당이 불안의 주된 원인은 아니지만 증상을 훨씬 더 악화시킬 수 있습니다. 만일 단 것을 좋아하고 욕구를 채워야 한다면 파인애플과 딸기로 신선한 과일샐러드를 만들거나 좀 더 건강한 대체 식품을 온라인 마켓에서 찾아보십시오.

가공 설탕이 많이 함유된 음식과 음료를 섭취한 후에 기분이 어떤지 기록하고 관찰하십시오.

1. 이 전략을 자신의 대처 목록에 추가하겠습니까? **예 / 아니오**

#127
항불안 음식

불안을 촉발하는 음식을 피하는 것도 중요하지만 반대로 불안을 완화하는 데 효과가 있는 음식도 있습니다. 당신의 기분을 개선하는 음식을 찾다 보면, 브라질너트, 지방이 많은 어류, 계란, 강황, 카모마일, 요구르트, 녹차, 아몬드 등이 모두 쇼핑 목록에 추가할 만하다는 연구 결과가 있습니다. 무엇을 얼마나 자주 먹는지는 당신이 느끼는 불안에 중요한 역할을 할 수 있으므로 올바른 음식을 섭취하고 잘못된 음식을 피하는 것이 꼭 필요합니다. 당신의 생활 양식에 맞고 입맛에 맞는 음식을 찾을 필요가 있다면 불안을 해소하는 데 도움이 되는 음식을 위주로 찾아보는 것이 좋습니다.

---

1. 당신은 위에 언급된 항불안 음식을 먹어 본 적이 있습니까?
   예 / 아니오

2. 항불안 음식을 즐겨 먹습니까? 그렇다면 어떤 것입니까?

3. 이 음식들을 매일 식단에 추가할 예정입니까? **예 / 아니오**

4. 좋아할 만한 다른 항불안 음식을 찾았습니까? **예 / 아니오**

5. 항불안 음식 섭취를 자신의 대처 목록에 추가하겠습니까?
   예 / 아니오

#128

항불안 요리책

이 책에서 언급한 것처럼 불안을 촉발할 수 있는 음식도 많지만, 정신 건강에 긍정적인 영향을 줄 수 있는 음식도 많습니다. 무엇을 먹을지 고민하는 것은 상당히 부담스럽겠지만, 대부분의 일이 그렇듯 도움은 가까이에 있습니다. 다행히도 간단한 요리부터 복잡한 요리까지 맛있는 조리법이 가득한 항불안 요리책이 많이 있습니다. 당신이 찾는 음식이 면역력을 강화하거나 기분을 순화하거나 자극적인 음식을 피하려는 것이든 간에, 거기에는 맛있는 요리가 많이 나와 있습니다. 그것을 찾으려면 아마존 도서에 들어가 불안 요리책Anxiety Cookbooks을 입력한 다음 가장 적합해 보이는 책을 구매하십시오.

---

1. 당신은 항불안 요리책을 구매한 적이 있습니까? **예 / 아니오**

2. 조리법을 따라 요리해 본 적이 있습니까? **예 / 아니오**

3. 어떤 요리를 만들었습니까?

4. 항불안 음식을 먹으면 건강해지는 데 도움이 됩니까? **예 / 아니오**

5. 이 전략을 자신의 대처 목록에 추가하겠습니까? **예 / 아니오**

#129

규칙적인 식사

많은 불안증 환자들이 잘 알고 있는 것처럼 우리 몸은 아주 작은 변화에도 극단적으로 반응하면서 극도로 예민해질 수 있습니다. 그래서 혈당 수치를 안정적으로 유지하기 위해 균형 잡힌 건강한 식사를 규칙적으로 하는 것이 중요합니다. 만일 혈당 수치가 안정되지 않으면 당신의 몸은 고혈당에서 떨리고 불안 초조한 저혈당으로 마치 설탕으로 된 롤러코스터를 타는 것처럼 느낄 수 있습니다. 끼니를 거르거나 식사 시간 간격이 너무 길다면 혈당이 떨어질 수 있고 끔찍한 불안 증상이 복합적으로 나타날 수 있습니다. 이것은 이미 불안증을 겪고 있는 사람에게는 좋지 않은 상황입니다. 그러므로 식단과 식사 시간을 계획하고 준비하여, 반드시 올바른 종류의 음식을 하루 중 정확한 시간에 섭취하도록 하십시오.

---

1. 당신은 하루 중 정해진 시간에 규칙적으로 영양이 풍부한 식사를 합니까? **예 / 아니오**

2. 식사를 자주 거르거나 식사 시간 간격이 깁니까? **예 / 아니오**

3. 끼니를 거르면 불안감이 더 심해진다는 사실을 알고 있습니까? **예 / 아니오**

4. 매일 식사와 간식을 준비하고 있습니까? **예 / 아니오**

5. 이 전략을 자신의 대처 목록에 추가하겠습니까? **예 / 아니오**

#130
회복용 음식 팩 준비하기

이 책에 언급한 것처럼 당신은 혈당 수치를 유지하기 위해 규칙적으로 건강한 식사를 할 필요가 있습니다. 이 점을 염두에 두고 언제나 섭취할 수 있는 회복용 음식을 준비해야 합니다. 집이든 직장이든 또는 여행 중이거나 외출 중에라도 상관없이 말입니다. 불안은 피로감을 줄 수 있으므로 필요할 때마다 섭취할 수 있는 에너지가 풍부한 음식을 준비하는 것이 필요합니다. 바나나는 우리 몸에 세로토닌과 이완을 유도하는 아미노산인 트립토판이 풍부한 저렴하고 훌륭한 에너지 공급원입니다. 바나나를 좋아하지 않는다면 오렌지도 회복용 팩에 넣을 수 있는 훌륭한 간식입니다. 오렌지는 면역 체계를 개선하는 데 도움이 되는 비타민 C가 풍부하고 감귤류의 향은 마음과 몸에 진정 효과를 줍니다. 이렇게 저렴하고 좋은 성분이 가득한 훌륭한 간식을 마음껏 자신의 입맛에 맞게 찾아보십시오.

---

1. 당신은 식사를 자주 거르거나 식사 시간 간격이 깁니까?
   예 / 아니오

2. 간식을 가지고 다닐 예정입니까? **예 / 아니오**

3. 어떤 간식을 선택하겠습니까?

4. 이 전략을 자신의 대처 목록에 추가하겠습니까? **예 / 아니오**

#131

아몬드

아몬드는 비타민 E와 마그네슘의 훌륭한 천연 공급원이며 이것은 연구 결과에 따르면 항불안 효과가 있습니다. 여기에 혈당 안정에 도움을 주는 것으로 밝혀진 사실을 더하면 아몬드는 불안과 싸우는 최고의 건강식품입니다. 아침마다 마시는 우유를 아몬드 우유로 바꾸어서 섭취하거나 생으로 또는 마트에서 판매하는 굽거나 소금을 친 아몬드를 먹어도 좋습니다.

---

1. 당신은 아몬드를 먹어 봤습니까? **예 / 아니오**

2. 아몬드를 좋아합니까? **예 / 아니오**

3. 매일 먹는 식단에 아몬드를 추가하겠습니까? **예 / 아니오**

4. 이 전략을 자신의 대처 목록에 추가하겠습니까? **예 / 아니오**

#132
브로콜리와 셀러리

브로콜리와 셀러리는 둘 다 칼륨과 엽산의 천연 공급원으로 연구 결과에 따르면 이것들은 항불안 특성이 있습니다. 칼륨이나 엽산 결핍은 불안한 감정과 증상의 원인으로 알려졌으며, 따라서 올바른 음식 섭취로 신체가 균형을 유지하도록 도울 수 있습니다. 이 영양소가 모든 사람에게 영향을 주는 것은 아니지만 매일 또는 매주 건강에 좋은 채소를 섭취하는 것은 해로울 게 없으며 비타민과 미네랄 수치를 보충해 줄 것입니다.

---

1. 브로콜리와 셀러리를 먹어봤습니까? **예 / 아니오**

2. 브로콜리와 셀러리를 좋아합니까? **예 / 아니오**

3. 매일 식단에 브로콜리와 셀러리를 추가할 예정입니까?
   예 / 아니오

4. 이 전략을 자신의 대처 목록에 추가하겠습니까? **예 / 아니오**

#133
비타민D 결핍

비타민 D 수치가 낮으면 쉽게 지치고, 피곤하고, 통증이 수반되며 우울감을 느낄 수 있습니다. 이 증상들은 모두 불안증과도 관련이 있으므로 의사에게 비타민 D 수치를 확인해 달라고 요청할 필요가 있습니다. 영국에서만 5명 중 1명이 비타민 D 결핍증을 앓는 것으로 알려져 있으며, 일조량이 적은 겨울철에는 더 많이 발생합니다. 비타민 D가 풍부하게 들어 있는 음식으로는 계란 노른자, 버섯, 연어나 참치처럼 지방이 많은 생선, 대구 간유, 영양소가 추가된 시리얼, 염소 치즈, 리코타 치즈 등이 있습니다. 만일 비타민 D 수치가 낮다는 생각이 들면 가까운 병원이나 보건소 또는 온라인 서비스 제공업체를 통해 혈액 검사를 하는 것이 유일한 방법입니다. 비타민 D 수치가 낮게 나오면 의사가 보충제를 처방해 주고 위에 언급한 식품을 더 많이 섭취하라고 권해 줄 것입니다.

---

1. 비타민 D 수치를 검사해 봤습니까? **예 / 아니오**

2. 비타민 D 수치가 낮습니까? **예 / 아니오**

3. 비타민 D 보충제를 먹고 있거나 식단에 비타민 D가 풍부한 음식을 추가하고 있습니까? **예 / 아니오**

4. 이 전략을 자신의 대처 목록에 추가하겠습니까? **예 / 아니오**

#134
유당 불내증

유당 불내증은 발가락 일부가 없는 발과는 전혀 관련이 없습니다. 그것은 우유와 유제품에서 발견되는 당(유당lactose)을 소화할 때 체내 소화 시스템이 부정적으로 반응한다는 의미입니다. 영국인 5명 중 1명, 미국에서는 3명 중 1명이 유당 불내증으로 추정되며 아프리카계 미국인, 아시아계 미국인, 아메리카 인디언의 유당불내증 수치는 75~90%에 달한다고 합니다. 만일 당신이 유당 불내증이라면 유제품을 먹었을 때 배탈, 복부 팽만감, 가스, 메스꺼움을 느낄 수 있습니다. 이런 증상을 가지고 있고 우유와 유제품 섭취가 불안한 정도와 관련이 있다는 것을 알게 된다면 의사에게 검사를 요청하거나 온라인에서 검사 도구를 구매 해 볼 필요가 있습니다. 유당이 당신의 불안증에 영향을 줄 수 있다고 생각한다면 음식 일지를 기록하면서 우유와 유제품 섭취 후 감정 변화를 추적해 보십시오.

---

1. 우유나 유제품을 섭취하면 나중에 더 불안해질 수 있다는 사실을 알고 있습니까? **예 / 아니오**

2. 유당 불내증입니까? **예 / 아니오**

3. 이 전략을 자신의 대처 목록에 추가하겠습니까? **예 / 아니오**

#135
글루텐 불내성

글루텐 민감성 또는 과민증은 밀, 보리, 호밀을 먹었을 때 몸이 부작용을 나타낸다는 뜻입니다. 최악의 상황에는 장과 뇌에 영향을 줄 수 있는 자가면역 질환이 생길 수 있습니다. 장에 영향을 준다면 복강병, 뇌에 영향을 준다면 이것은 운동실조증으로 알려져 있습니다. 영국에서는 100명 중 1명이 글루텐 과민증인데, 이들 중 상당수는 수년간 자신이 글루텐 과민증이 있다는 것도 모른 채 지냅니다. 일부는 전혀 진단이 안 될 수도 있습니다. 글루텐 불내성은 증상이 분명하지만, 아무 증상이 없을 수도 있습니다. 이 책에 나온 대로 글루텐 불내성은 불안과 불안한 감정을 유발하는 것으로 알려져 있습니다. 따라서 섭취하는 글루텐이 불안에 영향을 주는지 알아보기 위해 의사에게 혈액 검사를 의뢰해 볼 필요가 있습니다. 만일 글루텐이 불안에 영향을 줄 수 있다고 생각한다면 음식 일지를 기록해 보십시오. 그렇게 하면 빵, 파스타, 케이크, 피자 등 글루텐 함유 식품을 섭취한 후 감정 변화를 추적할 수 있습니다.

---

1. 글루텐 함유 식품을 섭취하고 나면 불안이 더 증가할 수 있다는 것을 알고 있었습니까? **예 / 아니오**

2. 글루텐에 민감합니까? **예 / 아니오**

3. 이 전략을 자신의 대처 목록에 추가하겠습니까? **예 / 아니오**

#136

수화물HYDRATE

간단하게 들리시죠, 그렇죠? 당신이 불안에 대처하려면 하루 종일 수분을 충분히 섭취해야 할 필요가 있습니다. 우리 몸은 탈수 상태가 되면 제 기능을 하지 못한다는 연구 결과가 있습니다. 혈압이 떨어질 수 있으며, 심장이 떨어진 혈압을 높이려고 할 때 어지럽고 심장 박동이 빨라질 수 있습니다. 이 모든 것이 공황발작을 일으킬 수 있으므로 반드시 수화된 상태가 되도록 반드시 수분을 공급해야 합니다. 하루 종일 물병을 지니고 다니고 만약 물만 마시는 것이 싫다면 주스를 희석해서 마셔 보십시오.

---

1. 하루 종일 물이나 수분을 충분히 섭취합니까? **예 / 아니오**

2. 1의 답이 '**예**'라면 좋지만, 그렇지 않다면 하루 종일 물이나 수분을 더 섭취하려고 노력하겠습니까? **예 / 아니오**

3. 음료가 필요하거나 음료가 없을 때 더 불안해지는 것을 느낀 적이 있습니까? **예 / 아니오**

4. 가능하면 항상 음료를 가지고 다닙니까? **예 / 아니오**

5. 이 전략을 자신의 대처 목록에 추가하겠습니까? **예 / 아니오**

#137

과일 주스를 피하거나 제한하기

항불안 효과가 있는 다양한 과일이 있으며 과일 자체를 먹는 것도 건강에 좋습니다. 일단 과일을 갈아서 주스를 만들면 천연 당분이 유리당으로 변하는데 유리당은 몸에 해롭습니다. 유리당은 혈당 수치에 변동을 주면서 공황과 같은 증상과 긴장을 유발하여 불안 증에 영향을 줄 수 있습니다. 갓 짜낸 과일 주스 한 잔이 당신의 세상을 망치지는 않겠지만, 모든 것이 그렇듯이 적당히 마셔야 합니다. 지나치면 불안에 부정적인 영향을 줄 수 있습니다. 과일 주스 대신에 사과 한 개나 물 한 잔과 같은 것으로 바꿔 보세요.

---

1. 당신은 과일 주스를 마십니까? **예 / 아니오**

2. 과일 주스를 많이 마시면 나중에 불안감이 더 커진다는 사실을 알고 있습니까? **예 / 아니오**

3. 과일 주스를 마시지 않거나 제한할 예정인가요? **예 / 아니오**

4. 이 전략을 자신의 대처 목록에 추가하겠습니까? **예 / 아니오**

#138

설탕이 든 탄산음료 피하기

콜라, 오렌지에이드, 레모네이드와와 같은 탄산음료에는 혈당 수치에 영향을 주고 불안증을 초래할 수 있는 당분이 가득합니다. 과일 주스와 마찬가지로 혈당 수치를 변동시키고 신경과민과 공황발작을 일으키면서 불안에 부정적인 영향을 줄 수 있습니다. 이런 종류의 탄산음료는 되도록 마시지 않는 것이 좋지만, 꼭 마셔야 한다면 무가당 다이어트 음료를 선택하십시오.

---

1. 당신은 설탕이 든 탄산음료를 마십니까? **예 / 아니오**

2. 이런 종류의 음료를 많이 마시면 나중에 불안감이 더 커진다는 사실을 알고 있습니까? **예 / 아니오**

3. 이런 음료를 마시지 않거나 제한할 예정입니까? **예 / 아니오**

4. 이런 음료를 마시는 대신 다이어트 음료를 마시겠습니까? **예 / 아니오**

5. 이 전략을 자신의 대처 목록에 추가하겠습니까? **예 / 아니오**

기술적인 도움 방법

이번 섹션에 소개하는 전략과 팁은 기술이 불안에 대처하는데 어떻게 도움이 되는지 살펴볼 것입니다.

#139

스마트폰 앱

스마트폰이 있다면 스트레스를 받을 때나 불안을 느끼고 잠을 잘 수 없을 때 도움이 되는 앱이 많이 있습니다. 예를 들면 캄Calm, 해피파이Happify, 데어Dare, 헤드스페이스Headspace, 윔 호프 메소드 Wim Hof Method와 브레스워크Breathwrk와 같은 호흡법 앱, 다양한 명상 앱, 자연의 소리 앱, 마음챙김 앱, 운동 앱, 요리 앱 등 다양합니다. 이런 것들을 다운로드해서 시도해 보고 어떤 것이 당신과 불안증에 잘 맞는지 찾아보십시오.

---

1. 당신의 불안에 도움이 되는 스마트폰 앱을 다운로드한 적이 있습니까? **예 / 아니오**

2. 어떤 앱을 다운로드했습니까?

3. 이런 앱이 불안감을 줄이는 데 도움이 되거나 불안 전략에 도움이 되었습니까? **예 / 아니오**

4. 다른 앱을 더 다운로드할 예정입니까? **예 / 아니오**

5. 이 전략을 자신의 대처 목록에 추가하겠습니까? **예 / 아니오**

#140
핸드폰 게임

불안감으로부터 빠르게 주의를 돌릴 수 있는 기술이 필요하거나 평소 사용하던 전략이 기대에 못 미친다면 핸드폰으로 게임을 해 보십시오. 네, 맞아요, 재미있겠네요, 그렇죠? 스마트폰이 있다면 당신의 주의를 사로잡을 수 있는 반복적인 게임이 많으며 별다른 노력이 필요하지 않습니다. 핸드폰에서 몇 가지 게임을 다운받아, 불안감이 시작되거나 부정적인 생각이 들면 게임을 열어 부정적인 생각 대신 게임에 집중해 보십시오. 잠깐이나 적어도 불안이 가라앉기 시작할 때까지는 게임을 해 보십시오. 이 전략을 사용할 때, 특히 결제하거나 정기 결제를 요구하는 게임은 당신의 불안을 키우거나 역효과를 낳을 수 있으므로 어떤 게임에도 중독되지 않도록 주의하십시오. 간단하고 비용이 들지 않는 재미있는 게임을 고르고 그것이 어디에 있든 당신의 주의를 돌릴 수 있게 한다는 것을 기억하십시오.

---

1. 핸드폰에 게임을 다운받았습니까? **예 / 아니오**

2. 불안한 기분이 들 때 게임을 해 봤습니까? **예 / 아니오**

3. 게임이 긴장을 완화하고 불안감을 줄이는 데 도움이 되었습니까? **예 / 아니오**

4. 이 전략을 자신의 대처 목록에 추가하겠습니까? **예 / 아니오**

#141
컬러링 앱

책에 색칠하고 그림을 그릴 때 불안감을 진정시키는 것처럼 핸드폰에서 컬러링 앱을 사용하는 것도 마찬가지입니다. 컬러링 북과 크레용이 없다면 대신 핸드폰이 있습니다. 이럴 때는 컬러플라이 Colourfly와 같은 앱을 사용해 보십시오. 동물이나 명화 등 다양한 패턴의 컬러링 앱으로 매우 유명합니다. 이 재미있는 활동은 주의력을 다시 집중하고 호흡을 조절하며 마음과 몸을 편안하게 하는 데 도움이 됩니다. 이들 앱은 쉽기 때문에 이 전략을 사용하기 위해 빈센트 반 고흐가 될 필요는 없습니다.

---

1. 컬러링 앱을 다운받은 적이 있습니까? **예 / 아니오**

2. 컬러링 앱을 사용해 본 적이 있습니까? **예 / 아니오**

3. 안정감을 주었습니까? **예 / 아니오**

4. 불안감을 줄이는 데 도움이 되었습니까? **예 / 아니오**

5. 이 전략을 자신의 대처 목록에 추가하겠습니까? **예 / 아니오**

#142
두개전기자극

비교적 일반인에게는 잘 알려지지 않았으며 상대적으로 가격이 비싼 두개전기자극cranial electrotherapy stimulation(CES) 장치는 불안증과 통증 및 스트레스를 어느 정도 완화해 줄 수 있습니다. 이 장치는 뇌의 특정 신경에 적은 양의 자연스러운 미세 전류를 전달합니다. 이것은 연구 결과에 따르면 불안을 완화하는 데 도움이 되는 알파파의 자극을 촉진한다고 합니다. 매우 기술적으로 들리지 않습니까? 잘 조사해 보고, 만일 사용해 보고 싶다면 선택할 수 있는 것이 여러 가지 있습니다. 인기 있는 브랜드는 알파-스팀Alpha-Stim이지만, 다른 브랜드도 있습니다.

---

1. CES 기기를 구매했던 적이 있습니까? **예 / 아니오**

2. CES 기기가 불안감을 개선해 주었습니까? **예 / 아니오**

3. CES 기기를 계속 사용하겠습니까? **예 / 아니오**

4. 이 전략을 자신의 대처 목록에 추가하겠습니까? **예 / 아니오**

#143

온라인 강좌 수강하기

오늘날과 같은 기술 시대에 살면서 좋은 점 중 하나는 버튼 하나만 누르면 빠르게 정보를 얻을 수 있다는 것입니다. 이런 점을 염두에 둔다면 불안과 공황장애를 다루는 온라인 강좌를 찾아보는 것도 좋습니다. 온라인에서 들을 수 있는 강좌는 많이 있으며, 그 중 일부는 무료이고 일부는 유료입니다. 이러한 강좌를 통해 불안과 공황에 대한 통찰력을 얻을 수 있습니다. 온라인 강좌에서는 과학부터 증상, 행동, 대처 전략 등 다양한 주제로 교육이 이루어집니다. 아는 것은 힘이고 불안과 공황에 대해 배우면 그것을 받아들이고 대처하는 데 보다 잘 준비할 수 있습니다. 구글 검색창에 '불안증 온라인 강좌'를 입력하기만 해도 유데미Udemy와 같은 교육 사이트의 유료 강좌부터 퓨처 런Future Learn과 같은 사이트의 무료 강좌까지 당신에게 적합한 다양한 강좌들을 찾을 수 있습니다. 온라인 강좌를 듣기로 결심했다면 그것은 당신에게 꼭 필요한 것이고 즐거운 배움이 될 것입니다.

---

1. 온라인 강좌에 등록했던 경험이 있습니까? **예 / 아니오**

2. 등록한 적이 있다면 어떤 것이었습니까?

3. 온라인 강좌를 수료한 경험이 있습니까? **예 / 아니오**

4. 온라인 강좌가 불안증을 이해하는 데 도움이 되었습니까?

예 / 아니오

5. 이 전략을 자신의 대처 목록에 추가하겠습니까? **예 / 아니오**

천연 제품

이번 섹션에 소개하는 전략과 팁은 천연 제품이 불안에
대처하는 데 어떻게 도움이 되는지 살펴볼 것입니다.

#144
로즈 오일

로즈 오일은 불안 진정 특성이 있다고 하며 스트레스, 슬픔, 우울증에 도움이 되는 것으로 알려져 있습니다. 밤에 집에서 휴식을 취할 때 디퓨저에 로즈 오일을 약간 떨어뜨려 향기를 흡입하십시오. 따뜻한 물에 첨가하여 향기를 맡으며 긴 시간 편안하게 목욕을 즐기는 것도 좋습니다.

---

1. 디퓨저에 로즈 오일을 사용해 보았습니까? **예 / 아니오**

2. 로즈 오일을 목욕에 사용해 보았습니까? **예 / 아니오**

3. 위의 항목 중 한 가지라도 예라고 답했다면, 로즈 오일이 편안함을 느끼는 데 도움이 되었습니까? **예 / 아니오**

4. 위의 항목 중 한 가지라도 예라고 답했다면, 로즈오일이 불안감을 덜 느끼는 데 도움이 되었습니까? **예 / 아니오**

5. 이 전략을 자신의 대처 목록에 추가하겠습니까? **예 / 아니오**

#145
라벤더

불안과 스트레스를 진정시키는 것으로 알려진 또 다른 동종 요법 치료 약에 라벤더가 있습니다. 아름다운 향기를 내는 보라색 꽃인 라벤더는 신체를 차분하게 하는 효과가 있으며, 뇌 및 신경계와 긍정적으로 상호작용하여 불안과 긴장감을 진정시키는 것으로 알려져 있습니다. 라벤더의 효능을 얻는 가장 대중적인 방식은 오일로 사용하는 것입니다. 저녁 목욕에 라벤더 오일을 첨가하거나 디퓨저에 에센셜 오일을 사용하여 편안한 향기를 맡을 수 있을 것입니다. 또는 밤에 잠자리에 들기 전에 라벤더 꽃잎을 베게 밑에 깔아 두는 것도 좋습니다. 라벤더 오일을 낮에도 사용하고 싶다면 매일 아침 핸드폰, 핸드폰 케이스, 시곗줄에 라벤더 오일을 발라서 불안한 느낌이 들 때마다 그 냄새를 맡는 방법도 있습니다.

---

1. 라벤더 오일을 욕조에 첨가하거나 디퓨저에서 태워 사용해 본 적이 있습니까? **예 / 아니오**

2. 라벤더 꽃잎을 밤에 베개 밑에 깔아본 적이 있습니까?
   예 / 아니오

3. 핸드폰이나 핸드폰 케이스 또는 시곗줄에 라벤더 오일을 발라 본 적 있습니까? **예 / 아니오**

4. 이런 전략이 긴장을 완화하고 불안감을 줄이는 데 도움이
   되었습니까? **예 / 아니오**

5. 이 전략을 자신의 대처 목록에 추가하겠습니까? **예 / 아니오**

#146
카모마일

일부 불안 증상에 긍정적인 영향을 주는 것으로 알려진 다양한 동종 요법 치료제들이 있습니다. 그중 하나가 카모마일이라는 식물입니다. 카모마일을 섭취하면 긴장 완화를 촉진하고 불안과 스트레스를 없애줄 수 있다는 연구 결과가 있습니다. 만일 불안을 완화하기 위한 자연 재료로 카모마일을 써 보고 싶다면 카모마일 보충제나 카모마일 차를 구매해 보십시오. 카모마일 차를 선택한다면 기성품 티백 형태나 꽃으로 이용할 수 있을 것입니다. 온라인에서 구매할 수 있으며 건강식품 판매점이나 마트에서도 구매할 수 있습니다. 또한 카모마일이 주성분인 바디용품을 사용하거나 집에서 디퓨저에 카모마일 오일을 사용해 볼 수 있습니다. 바디용품이나 오일로 사용하는 것보다 섭취할 때 항불안 효과에 대한 과학적 근거가 더 많습니다. 그래도 여러 가지 방법으로 시도해 보면서 감정의 변화를 살펴보십시오.

---

1. 당신은 카모마일 차를 마셔 보았습니까? **예 / 아니오**

2. 차를 마시고 나서 마음이 편안해지고 불안감이 줄어드는 데 도움이 되었습니까? **예 / 아니오**

3. 차가 아닌 다른 카모마일 제품을 사용해 본 적이 있습니까?
   만일 그렇다면 사용했을 때 기분은 어땠습니까?

4. 이 전략을 자신의 대처 목록에 추가하겠습니까? **예 / 아니오**

#147

발레리안

발레리안[쥐오줌풀 또는 길초근]은 몸을 부드럽게 달래 주는데 불면증이나 불안증에 도움이 되는 약초입니다. 고대 그리스 · 로마 시대부터 사람들을 치료하는 데 사용해 온 것으로 현재는 흔히 건강용품점이나 인터넷에서 구할 수 있습니다. 동종 요법 치료제로 대중적인 발레리안은 몸을 이완시키고 깊은 잠을 자는 데 도움이 되는 것으로 알려져 잠자리에 들기 힘든 분들에게 반가운 소식이 될 수 있습니다. 매일 발레리안 뿌리 보충제를 먹으면 알려진 효능을 누릴 수 있습니다. 그러나 다른 보충제와 마찬가지로 부작용이 나타날 수 있으므로 먼저 의사와 상의하십시오. 효능이 있고 처방전이 필요 없는 치료제라도 먼저 의사와 상의하는 것이 좋습니다. 종류에 따라 발레리안 오일을 디퓨저에 넣고 흡입하거나 몸에 바르는 용도로도 사용할 수 있습니다.

---

1. 발레리안 뿌리 보충제를 먹어 본 적이 있습니까? **예 / 아니오**

2. 불안감을 줄이는 데 도움이 되었습니까? **예 / 아니오**

3. 밤에 잠드는 데 도움이 되었습니까? **예 / 아니오**

4. 다른 발레리안 제품을 사용 해 본 적이 있습니까? 그렇다면 어떤 기분이 들었습니까?

5. 이 전략을 자신의 대처 목록에 추가하겠습니까? **예 / 아니오**

#148

칸나비디올(CBD)

칸나비디올Cannabidiol 또는 CBD로 더 잘 알려진 이것은 최근 몇 년 동안 자주 등장했는데 그럴만한 이유가 있습니다. 과학적 연구 결과와 일반 사용자들에 따르면 이 물질을 사용하면 다양한 불안 증상을 관리하는 데 도움이 될 수 있다고 합니다. 이것은 특히 신경계에서 발견되는 수용체 CB1 및 CB2가 CBD와 상호작용하기 때문으로 봅니다. 이것은 많은 질병에 이로운 효과가 있다고 하는데, 그중 하나가 불안입니다. CBD는 꽃이나 꽃봉오리, 오일, 캡슐, 화장품 등 다양한 형태로 구매할 수 있으며 건강용품점이나 온라인에서 구매할 수 있습니다. 사용해 보고 싶다면 칸나비디올에 관해 먼저 조사해 보고 한번 사용해 보십시오.

---

1. CBD를 사용해 본 적이 있습니까? **예 / 아니오**

2. 어떤 CBD 제품을 사용해 보았습니까? **예 / 아니오**

3. 더 편안하게 느끼는 데 도움이 되었습니까? 예 / 아니요

4. 불안감을 줄이는 데 도움이 되었습니까? **예 / 아니오**

5. 이 전략을 자신의 대처 목록에 추가하겠습니까? **예 / 아니오**

#149
유칼립투스

통증을 포함한 다양한 질병 치료에 수백 년간 사용되어 온 유칼립투스는 불안으로 고통받는 이들에게도 효과가 있는 것으로 알려져 있습니다. 연구에 따르면 유칼립투스는 신경계와 상호작용하여 긍정적인 반응을 일으켜 스트레스와 불안감을 줄이는 데 도움을 줄 수 있다고 합니다. 유칼립투스를 사용하는 방법은 다양합니다. 차로 마시거나, 바르거나, 디퓨저에 오일을 사용할 수 있습니다. 이 외에도 유칼립투스잎을 욕조에 넣거나 샤워기에 걸어 유칼립투스 향이 욕실을 채울 때 따뜻하고 긴장을 완화해 주는 목욕을 즐길 수 있습니다.

---

1. 유칼립투스를 사용해 본 적이 있습니까? **예 / 아니오**

2. 긴장을 푸는 데 도움이 되었습니까? **예 / 아니오**

3. 불안감을 덜 느끼게 해 주었습니까? **예 / 아니오**

4. 이 전략을 자신의 대처 목록에 추가하겠습니까? **예 / 아니오**

#150
엡솜 소금

매일 먹는 소금이나 천일염과는 완전히 다른 미네랄인 엡솜 소금은 스트레스와 불안으로 고통받는 사람들에게 좋은 효과가 있는 것으로 알려져 왔습니다. 그 이유는 엡솜 소금에는 일반 소금이나 천일염에 들어 있는 염화나트륨과 달리 황산염과 마그네슘이 함유되어 있기 때문입니다. 행복 호르몬인 세로토닌의 형성에 마그네슘이 중요한 역할을 한다는 연구 결과가 보여 주는 것처럼 엡솜 소금의 마그네슘은 매우 특별한 점입니다. 체내 마그네슘 수치가 낮으면 세로토닌 수치도 동시에 낮아지고 일반적으로 기분도 가라앉을 수 있습니다. 불안증이 있는 사람들은 불안한 감정에 대처하여 우울감을 이겨내려면 가능한 세로토닌 수치를 최대한 높게 유지하는 것이 중요합니다. 엡솜 소금의 효능을 누릴 수 있는 몇 가지 방법은 이 책에서 설명하는 부양요법[#103 부양요법, 154쪽 참조]이나 저녁 목욕에 엡솜 소금을 첨가하는 것입니다. 저녁 목욕에 추가하고 싶다면, 온라인이나 건강용품점에서 다양한 제품을 구입할 수 있습니다. 당뇨병 환자에게는 적합하지 않다는 보고가 있다는 점에 주의하십시오. 따라서 당뇨병이 있다면 사용하기 전에 의사와 상의하고, 그렇지 않다면 목욕을 즐기면 됩니다.

1. 엡솜 소금을 사용하고 긴장이 풀리거나 불안이 줄어드는 데 도움이 되었습니까? **예 / 아니오**

2. 이 전략을 자신의 대처 목록에 추가하겠습니까? **예 / 아니오**

결론

이 책의 마지막에 다다르면서 당신의 삶을 보다 낫게 변화시켜줄 수 있는 새로운 전략과 팁을 배웠다는 느낌이 들기를 바랍니다. 당신에게 아주 잘 맞는 조언과 기술들이 있을 것입니다. 그러나 잘 맞지 않는 것도 있겠지만, 불안에 대처하는 메커니즘이 각자와 그 생활에 따라 저마다 다르다는 것은 묘미이고 당신에게도 그렇습니다. 당신의 촉발점은 당신에게만 해당될 수 있다는 것을 이해하고 적절하게 피하고, 제한하고, 관리할 수 있도록 계획을 세우십시오. 불안증이 끔찍할수록 그것을 인정하고 지나치게 두려워하지 않는 법을 익혀야 합니다. 당신은 당신이 아는 것보다 강하고 이 책에 소개한 조언들이 그런 점을 깨닫는 데 도움이 되기를 바랍니다. 기억하십시오. 오늘 구름이 짙을지라도 내일은 태양이 뜰 것입니다. 언제나 태양을 보려고 노력하면서 긍정적인 정신 건강이 자산이라는 것을 잊지 마십시오. 저는 당신의 피드백이 궁금하고 당신에게 효과가 좋았던 조언들이 무엇인지 알고 싶습니다. 저와 함께한 여정을 공유하고 싶으시다면 hello@forhelpwithanxiety.com으로 메일 또는 페이스북에서 '불안증을 돕기 위하여'에 좋아요로 팔로잉하거나 인스타그램 @forhelpwithanxiety에서 연락할 수 있습니다.

책이 흥미로웠고 당신의 여정에 도움이 되었다면 아마존에 댓글을 남겨 주세요. 그러면 공감하는 사람들이 그 가치를 알 수 있을 것입니다.

행운을 빌며, 게드Ged

지원 기관

• 출판일 기준으로 정확한 정보들입니다.

영국

• Hub of Hope

정신 건강에 관한 국립 데이터베이스로, 한 곳에서 도움과 지원을 제공합니다. 이 웹사이트에서 우편번호를 입력하면 해당 지역의 서비스 및 기관을 찾을 수 있습니다.

웹사이트   www.hubofhope.co.uk

• Anxiety UK

불안 상태의 진단을 받았다면 지원을 받을 수 있는 자선단체입니다.

전화   03444 775 774 (월~금, 9:30am ~ 5:30pm)

웹사이트   www.anxietyuk.org.uk

• CALM

캄(CALM)은 15~35세의 남성을 대상으로하는 비참한 삶 반대 캠페인Campaign Against Living Miserably의 약자입니다.

전화   0800 58 58 58 (매일, 5pm ~ 자정)

웹사이트   www.thecalmzone.net

• Men's Health Forum

문자, 채팅, 이메일을 통해 남성의 스트레스를 연중무휴 24시간 지원합니다.

웹사이트   www.menshealthforum.org.uk

• Mental Health Foundation

정신 건강 문제가 있는 모든 사람을 위한 정보와 지원을 제공합니다.

웹사이트   www.mentalhealth.org.uk

• Mind

정신 건강 문제가 있는 사람들의 견해와 필요를 홍보합니다.

웹사이트   www.mind.org.uk

• No Panic

공황발작과 강박장애Obsessive Compulsive Disorder(OCD) 환자를 지원하는 자원봉사 단체로, 공포증 또는 강박장애를 극복하는 데 도움이 되는 강좌를 제공합니다.

전화   0844 967 4848 (매일, 10am ~ 10pm)
웹사이트   ww.nopanic.org.uk

• OCD Action

강박장애 환자를 지원합니다. 치료 및 온라인 자료에 대한 정보 포함.

전화　　　0845 390 6232 (월~금, 9:30am ~ 5pm)

웹사이트　　www.ocdaction.org.uk

• OCD UK

강박증을 경험했던 사람들이 강박증 환자를 위해 운영하는 자선 단체입니다. 사실, 뉴스, 치료법 포함.

전화　　　0845 120 3778 (월~금, 9am ~ 5pm)

웹사이트　　www.ocduk.org

• PAPYRUS

청소년 자살 예방 협회입니다.

전화　　　HOPElineUK 0800 068 4141 (월~금, 10am ~ 5pm, 7pm ~ 10am. 주말, 2pm ~ 5pm)

웹사이트　　www.papyrus-uk.org

• Rethink Mental Illness

정신 질환을 앓고 있는 사람들을 지원하고 조언합니다.

전화	0300 5000 927 (월~금, 9:30am ~ 4pm)
웹사이트	www.rethink.org

• Samaritans

고통이나 절망감을 겪는 사람들을 위해 비밀 지원을 제공합니다.

전화	116 123 (24시간 무료 전화 상담)
웹사이트	www.samaritans.org.uk

• SANE

정신 질환을 앓고 있는 사람들과 그 가족, 간병인을 위한 정서적 지원, 정보, 안내를 제공합니다.

전화	0300 304 7000 (매일, 4:30am ~ 10:30pm)
문자 상담	가장 필요한 순간에 보낸 문자 메시지에 응답하고 돌본다. www.sane.org.uk/textcare
또래 지원 포럼	www.sane.org.uk/supportforum
웹사이트	www.sane.org.uk/support

• YongMinds

아동 및 청소년 정신 건강 정보. 부모 및 전문가를 위한 서비스.

전화   Parents' helpline 0808 802 5544
(월-금, 9:30am ~ 4pm)

웹사이트   www.youngminds.org.uk

아일랜드

• The Samaritans

고통이나 절망감을 겪는 사람들을 위한 비밀보장 지원.

전화   116 123

웹사이트   www.samaritans.ie

• Aware (우울증 및 양극성 장애)

Aware는 우울이나 양극성 장애를 겪는 사람들과 그 가족을 위한 지원 및 정보를 제공합니다.

전화   1800 80 48 48

웹사이트   www.aware.ie

• Pieta House (자살 및 자해)

Aware는 우울이나 양극성 장애를 겪는 사람들과 그 가족을 위한 지원 및 정보를 제공합니다.

전화   01623 5606

웹사이트   www.pieta.ie

• Pieta House (Suicide & Self-harm)

전국 자살 헬프라인 (Pieta House) 1800 247 247.

전화   01623 5606

웹사이트   www.pieta.ie

• Grow (정신 건강 지원 및 회복)

정서적, 정신적 복지를 위한 지원과 교육을 제공하는 지역 중심 국립 기관입니다.

전화   1890 474 474

웹사이트   www.grow.ie

• IACP (상담 및 심리치료)

아일랜드 상담 및 심리치료 협회

| 전화 | 01230 3536 |
| 웹사이트 | www.iacp.ie |

• Shine

정신 질환을 앓고 있는 사람들을 지원합니다.

| 웹사이트 | www.shine.ie |

미국

• Mental Health America (MHA)

정신 질환을 앓고 있는 사람들의 필요를 해결하고 모든 미국인의 전반적인 정신 건강을 증진하는 데 전념하는 미국 최고의 지역 사회 기반 비영리 단체입니다.

| 전화 | (800) 969-6642 |
| 웹사이트 | www.mentalhealthamerica.net |

• National Alliance on Mental Illness (NAMI)

NAIM은 정신 질환으로 고통 받는 모든 사람과 그 가족이 더 나은 삶을 살 수 있도록 옹호, 교육, 지원하며 대중 인식을 높이는 일을 합니다.

전화	1-800-950-NAMI (6264)
웹사이트	www.nami.org

• ANXIETY / PANIC

공황장애 정보 핫라인.

전화	1-800-64-PANIC

• Mental Health Crisis Lines / Suicide Hotlines

자살 예방 생명의 전화.

전화	1-800-273-TALK

• Crisis Text Line

Crisis Text Line은 위기에 처한 사람들이 24시간 연중무휴로 무료 비밀 문자 메시지를 보내는 서비스입니다.

문자 서비스	741741
웹사이트	www.mentalhealthamerica.net

캐나다

캐나다 국민에게 자살 예방 및 지원을 제공합니다.

전화　　　1-833-456-4566 또는 문자 45645

웹사이트　　www.crisisservicescanada.ca

Hope for Wellness Help Line은 캐나다 전역의 모든 원주민에게 즉각적인 정신 건강 상담과 위기에 개입합니다.

전화　　　1-855-242-3310

웹사이트　　www.hopeforwellness.ca

호주

우울증과 불안에 대한 인식을 높이고 부정적 인식을 줄이는 것을 목표로 합니다.

전화　　　1300 22 4636, 24시간 연중 무휴

웹사이트　　www.beyondblue.org.au

• eheadspace

12~25세 청소년과 그 가족에게 정신 건강 및 복지 지원, 정보 및 서비스를 제공합니다.

전화	1800 650 890, 호주 동부 표준시 9am-1am 연중무휴
웹사이트	www.headspace.org.au/eheadspace

• Lifeline

12~25세 청소년과 그 가족에게 정신 건강 및 복지 지원, 정보 및 서비스를 제공합니다.

전화	13 11 14.
웹사이트	www.lifeline.org.au

• MensLine Australia

호주 남성을 위한 전문 전화 및 온라인 지원 및 정보 서비스

전화	1300 78 99 78, 24시간 연중무휴
웹사이트	www.mensline.org.au

• MindSpot

스트레스, 걱정, 불안, 우울감 또는 우울증이 있는 사람들을 위한 무료 전화 및 온라인 서비스입니다. MindSpot은 긴급 또는 응급 또는 즉각적인 대응 서비스가 아닙니다.

전화   1800 61 44 34

호주 동부 표준시 (월~금)8am ~ 8pm,

(토)8am ~ 6pm

웹사이트   www.mindspot.org.au

• PANDA (Perinatal Anxiety & Depression Australia)

전국 전화 정보, 상담 및 조언 서비스를 제공합니다.

전화   1300 726 306,

호주 동부 표준시 (월~금)9am ~ 7:30pm

웹사이트   www.panda.org.au

• SANE Australia

정신 질환을 앓고 있는 사람들이 더 나은 삶을 영위할 수 있도록 지원, 훈련 및 교육을 제공합니다.

전화   1800 18 7263,

호주 동부 표준시 (월~금)10am ~ 10pm

웹사이트   www.sane.org

• Suicide Call Back Service

본인이나 아는 사람이 자살 충동을 느끼는 경우 연중무휴 24시간 지원을 제공합니다.

전화   1300 659 467

웹사이트   www.suicidecallbackservice.org.au

• Open Arms

재향군인 및 가족 상담은 전쟁 및 서비스 관련 정신 건강에 대한 전국적인 무료 상담 및 지원을 연중무휴 24시간 비밀리에 제공합니다.

전화   1800 011 046

웹사이트   www.openarms.gov.au

뉴질랜드

• National helplines

뉴질랜드의 국가 정신 건강 및 언어 장애 상담 전화번호입니다.

전화   상담이 필요하세요? 언제든지 1737번으로 무료 전화 또는 문자를 보내면 숙련된 상담사의 도움을 받을 수 있습니다.

웹사이트   www.1737.org.nz

• Lifeline

라이프라인 아오테아로아Aotearoa[뉴질랜드를 카리키는 마우리어]의
생명의 전화와 문자 서비스는 자격을 갖춘 상담사와 숙련된 자원
봉사자가 연중무휴 24시간 비밀리에 지원합니다.

전화   0800 543 354 (0800 생명의 전화) 또는 무료 문자
              4357 (도움)

웹사이트   www.lifeline.org.nz

• Samaritans

Samaritans는 우울증이나 외로움을 느끼거나 심지어 자살을 생
각하는 사람에게 종교적, 비종교적, 비판단적으로 비밀을 보장하
고 지원을 제공합니다.

전화   0800 726 666

웹사이트   www.samaritans.org.nz

• Depression Helpline

24시간, 연중 무휴 무료 상담 전화

전화	0800 111 757 또는 무료 문자 4202 (숙련된 상담사
	와 상담하거나 궁금한 점을 문의하세요).
웹사이트	www.depression.org.nz

• Family Services 211 Helpline

거주 지역의 지역 사회 기반 보건 및 사회 지원 서비스를 찾는 데
도움을 받을 수 있습니다.

전화	0800 211 211

• Skylight

트라우마, 상실감, 슬픔을 극복할 수 있도록 지원합니다.

전화	0800 299 100, (주중)9am ~ 5pm.
웹사이트	www.skylight.org.nz/get-support/counselling

• Anxiety phone line

공황발작, 공포증, 강박장애 등 모든 형태의 불안을 경험하는 수
백 명의 사람들에게 매달 필수적인 지원을 제공하는 무료 헬프라
인입니다.

전화	0800 269 4389 (0800 불안)
웹사이트	www.anxiety.org.nz

한국

• 보건복지상담센터(힘이되는129)

전반적인 보건의료 서비스를 제공하는 국가기관으로서 정신건강, 자살예방, 응급의료의 긴급복지지원 관련 상담을 하고 처리를 도와줍니다.

전화   상담전화 129(24시간, 긴급지원)

웹사이트   https://www.129.go.kr/

• 서울시자살예방센터(마음이음1080)

서울시민의 자살률 감소를 위하여 지역단위 밀착형 예방사업을 통해 자살예방의 안전망을 구축하고, 시민 모두가 서로 생명을 돌보는 다양한 활동을 하고 있습니다.

전화   상담전화 109

                 상담전화 1577-0199(24시간 정신건강 상담)

웹사이트   http://www.suicide.or.kr/

• 모두다서울시상담지원플랫폼

서울시민이 쉽게 이용할 수 있도록 상담기관 정보를 한 곳에서 찾을 수 있습니다.

전화   02-3458-1002

웹사이트   https://modooda.or.kr/

감사의 글

온종일 일하면서 각기 두 살 반, 8개월 된 두 아이의 아빠로서 이 책을 쓰는 것은 도전이었습니다. 수개월 동안 매일 저녁에 글을 쓰면서 때로 지치기도 했지만, 끝을 보기로 결심했습니다. 책의 이 섹션에 다다른 것은 책이 완성된 것을 의미하며 세상과 공유할 수 있다는 것이므로 매우 기쁩니다.

나는 늘 글 쓰는 데 열정이 있었고, 정신 건강은 나에게 아주 친근한 분야입니다. 10대 시절부터 불안에 시달렸던 나는 불안증을 동반한 첫 여정에서 누군가가 나에게 건네줬었더라면 하는 책을 쓰고 싶었습니다. 대부분 사람들이 그렇듯 나도 여전히 좋은 날과 나쁜 날이 있지만, 중요한 것은 나의 불안을 수용하고 이따금 그런 기분이 드는 이유를 이해하며, 삶을 최대한 누릴 수 있도록 불안을 관리할 줄 안다는 사실입니다.

인생은 우리 모두에게 도전일 수 있지만 아름답기도 합니다. 나는 내 인생 전체를 통해 진정으로 중요한 것들, 그것은 건강, 행복, 가족 그리고 친구들에게 감사하는 것임을 배웠습니다. 이외의 것들은 보너스일 뿐입니다.

그런 의미에서, 내가 감사하고 싶은 사람들은 나의 가족과 친구들입니다. 우선, 우리가 만난 그날 이후로 끊임없이 지지해 주고 항상 나를 믿어 준 아름다운 아내에게 고맙다는 말을 전하고 싶다. 이 책을 쓰는 동안 함께 인내해 준 것과 나의 예쁜 아이들의 훌륭한 엄마라는 사실에도 고마워요.

나의 햇살이자 빛인 두 아이에게, 최고의 내가 될 수 있도록 영감과 힘이 되어줘서 고맙다. 너희는 내 삶을 웃음으로 채워주고 마음을 충만하게 해 주었단다.

부모님께, 변함없는 사랑과 지지를 보내 주시고 언제나 저를 믿어 주시고 자신감과 자기 확신으로 가득 채워 주셔서 감사드립니다. 제가 얼마나 감사하는지 모르실 겁니다.

장인 장모님께, 사랑과 지원에 감사드립니다. 우리는 모든 면에서 훌륭한 부모님을 둔 축복을 받았습니다. 서로에게 보내 주시는 사랑과 지원에도 감사드립니다.

삼촌에게, 어린 시절부터 나에게 글을 쓰도록 영감을 준 것에 감사합니다. 자라면서 우리가 나누었던 시와 편지는 나에게 감사한 일이며 지금까지 남아 있습니다.

나의 자매들에게, 무슨 일이든 항상 내 편이 되어 줘서 감사합니다. 우리는 수년간 많은 웃음으로 함께했고, 내가 필요로 할 때마다 의지할 수 있는 존재라는 것을 압니다.

처남 그리고 조카이자 대자, 대녀인 난나 팻시, 폴린 그리고 그레이스 할머니께, 당신들 모두는 나에게 소중한 존재입니다.

더 넓은 의미의 가족인 젠킨스 가족, 라이언 가족, 버버리 가족, 매시 가족에게 감사드립니다. 당신들 모두와 함께한 아름다운 추억을 너무나 많이 갖고 있으며, 그 모든 것은 오늘 이 책을 쓰고 있는 나를 형성하는 데 큰 도움이 되었습니다.

온디뉴 할머니, 난나 에일린 할머니, 제라드 할아버지, 데비 이모를 포함해 하늘나라에 있는 가족과 친구들에게, 당신들과 더 많은 시간을 보내고 싶었지만, 인생은 모질고 짧았습니다. 우리가 함께 나눈 시간들과 당신들이 나에게 준 사랑에 감사드립니다. 언젠가는 당신들을 만나겠지만, 너무 빠르지 않기를 바랍니다.

친한 친구들에게, 지난 몇 년 동안 우리는 즐겁게 지냈고 모두는 나와 함께 롤러코스터 같은 인생을 즐겨왔죠. 오래도록 계속되기를 바랍니다.

이 책을 읽고 전문적인 의견을 제시해 준 라이언 리지웨이와 프랭키 파커에게 감사드리며, 그리고 서문을 써 준 라이언에게 한 번 더 감사를 표합니다.

마지막으로 심리 치료 및 상담 의사인 이모 샤론과 할아버지 말콤에게 감사의 말씀을 전합니다. 두 분은 지금의 나로 내가 성장하는 데 도움을 준 대단한 분들입니다. 두 분은 배려심이 많고, 힘을 주며, 현명하고, 재치 있으며, 지적이고, 아름다운 분들입니다. 당신들은 내 밤하늘에 빛나는 두 개의 별이며, 내가 이 책을 쓰는 동안 나를 지켜보는 것이 즐거우셨기를 바랍니다.